La Cocina Sana

DIETÉTICA Y EQUILIBRADA

Verónique BERNARD-LEMAITRE
Bromatóloga

Gilbert WENZLER
Cocinero, miembro de la
Academia Nacional de Cocina

Versión española de A. M. Penco de Toubes

Fotos: S.A.E.P. / J.L. Syren

susaeta

Nociones
página 8

El equilibrio alimenticio sabroso
o cómo comer lo justo

Desayunos
página 66

Ideas para una primera
comida llena de energía

Preparaciones básicas
página 48

Las masas, los caldos, las salsas,
las cremas, sin calorías inútiles

Entrantes
página 78

Calientes o fríos, ligeros o más
copiosos, le abrirán el apetito

Pescados
página 106

Recetas llenas de frescura, para
aprovechar todas las ventajas
del pescado

Carnes
página 136

Asadas, estofadas, cocidas a
fuego lento. Recetas sanas, sin
grasas innecesarias

Contenido

Guarniciones
página 166

Verduras, cereales, féculas, el complemento indispensable de una comida equilibrada

Postres
página 204

Pasteles, helados, mousses y pastas, con menos calorías pero igual de sabrosas

Los establecimientos M. Korzilius, Colmar, nos han cedido amablemente la vajilla.

Significado de los símbolos que acompañan a las recetas

 Preparación muy sencilla

 Barato

 Preparación fácil

 Razonable

 Preparación elaborada

 Caro

NOTA

El aporte calórico de cada una de las preparaciones básicas está calculado sobre el conjunto de los ingredientes de la receta. En cuanto a las demás recetas, y salvo indicación en contra, el aporte está calculado para una persona.

Dietética viene del griego diaita: "modo de vida, manera de emplear todo lo que es necesario para conservar la vida, ya sea en la salud o en la enfermedad". Esta definición tenía un sentido muy amplio, puesto que se aplicaba no sólo a la alimentación, sino también al atuendo, al ejercicio, al descanso... Hoy en día la dietética tiene un significado más restringido y más preciso. Se define como el arte de vivir bien y, por tanto, de comer bien, con dietas sabrosas y moderadas, para asegurar el equilibrio del organismo y conservar la salud. Esta definición es diferente de la idea que la mayoría de las personas tienen de la dietética. Atrás quedan los tiempos en que era sinónimo de restricciones, frustraciones y prohibiciones.

¿Gozamos actualmente de una alimentación sana? No, a juzgar por las estadísticas: excesos alimenticios, comportamientos anárquicos (bulimia, anorexia). Las enfermedades de la civilización llenan las páginas de las revistas médicas y de las revistas de información general. El hombre no ha sabido adaptar su modo de alimentación a los cambios que ha experimentado su medio: la abundancia ha sustituido a la penuria, pero el hombre sigue temiendo no tener suficiente. Es necesario, pues, aprender a controlar el excedente alimenticio y a valorar nuestras necesidades reales. La abundancia y la diversidad deben ser factores que permitan evitar la monotonía,

fuente de carencias, haciendo que la alimentación diaria sea lo más variada posible. Pero por lo mismo, el acto alimenticio no debe convertirse en un examen de matemática aplicada: se debe tener siempre en cuenta el placer de la mesa. Para mantener una buena alimentación, es necesario haber gozado desde la más tierna infancia de cierta educación en temas de nutrición. Pero nunca es demasiado tarde...

En este libro encontrará las claves de una alimentación equilibrada y sabrosa: preparaciones básicas, ejemplos de raciones diarias para las diferentes etapas de la vida, un cuadro de composición de los principales alimentos, ideas para preparar recetas ligeras y, sin embargo, deliciosas.

Este libro, por sus consejos prácticos y sus atractivas recetas, está destinado a todos aquellos que tienen conciencia de la importancia de la dietética hoy en día. Interesa a todo el mundo a los grandes y a los pequeños. Nadie puede vivir sin comer. ¿Por qué no hacerlo de una forma sana y armoniosa?

9

Nociones

LOS NUTRIENTES Y ELEMENTOS BÁSICOS

Los alimentos proporcionan al organismo los elementos necesarios para su conformación, su crecimiento, su mantenimiento, su energía y su protección. Esos elementos son los nutrientes.

EL TRÍO BÁSICO

— **Prótidos** (proteínas):

Son los elementos "constructores". Desempeñan un papel esencial en el crecimiento y en el desarrollo del cuerpo y en el mantenimiento de la vida. La proteína es un elemento nutritivo activo que repara el desgaste diario. Se compone de aminoácidos.

1 g de proteínas = 4 Kcal

Los aportes recomendados son del 12% al 15% del aporte energético total.

Se distinguen las proteínas animales, de muy buena calidad, pero a menudo asociadas a las grasas malas, con excepción del pescado, y las proteínas vegetales, que tienen propiedades contrarias.

Lo ideal es moderar el consumo de carne y de embutidos, y recuperar el pan, los cereales, las legumbres secas y el pescado.

— **Lípidos** (materias grasas):

Constituyen una energía de reserva utilizada para el mantenimiento de la actividad muscular y la lucha contra el frío.

Son una fuente de vitaminas liposolubles y de ácidos grasos esenciales, indispensables para el crecimiento del organismo.

1 g de lípidos = 9 Kcal

Se recomienda que su ingestión abarque de un 30% a un 35% del aporte energético total, con una buena repartición entre los ácidos grasos saturados (1/4) y los ácidos grasos no saturados (3/4).

— **Glúcidos** (azúcares):

Son una fuente de energía en curso; se movilizan rápidamente para ayudar a realizar los esfuerzos de la vida cotidiana y los esfuerzos deportivos, así como para alimentar las células del cerebro (acción de latigazo).

Se distingue entre:

— **los glúcidos rápidos**, que liberan una energía que se quema enseguida. Estos azúcares están presentes en todos los productos azucarados y en las frutas

— **los glúcidos lentos** o almidón. Sus calorías se disponen lenta y regularmente, sin interrupción

Las féculas, el pan, los cereales y las legumbres secas son ricas en glúcidos lentos.

1 g de glúcidos = 4 Kcal

Los aportes aconsejados representan entre el 50% y el 55% del aporte energético total. Se recomienda limitar el consumo de azúcares rápidos, especialmente el que se realiza picando entre horas, y aumentar paralelamente el de los azúcares lentos, fuente de vitaminas, minerales y fibras.

A continuación encontrará un cuadro de composición de los principales alimentos, que puede servirle de guía.

CUADRO DE COMPOSICIÓN DE LOS PRINCIPALES ALIMENTOS

Alimentos	Cantidad	Prótidos (en g)	Lípidos (en g)	Glúcidos (en g)	Kcal
Aceite	1 dl	0	100	0	900
Aceitunas verdes	100 g	0,8	20	6	207
Aguacate	100 g	2,1	16,4	4,7	167
Albaricoque (zumo)	1 dl	0	0	15	60
Ancas de rana	100 g	16,5	0,5	0	72
Arroz cocido	100 g	2	0,1	24,1	105
Avellanas	100 g	14	60	15	656
Azúcar	100 g	0	0	96	384
Barra de pan	100 g	8	1	55	261
Batido	1 dl	3,6	3	17	108
Besamel	100 g	4	6	9	110
Bocadillo de jamón	1	21	22	45	462
Bocadillo de atún	1	35	14	46	450
Bollo	100 g	7	22	40	386
Caballo (M)*	100 g	22	2,5	0	110
Calabaza	100 g	1,3	0,2	4,7	31
Callos	100 g	18	2	1	94
Cangrejo (conserva)	100 g	17	3	2	103
Caramelo	100 g	0,28	0,1	94	378
Carne de ternera (M)*		19	11	0	175
Carne de caza (M)*	100 g	21	2,5	0	108
Carne de buey grasa	100 g	17	21	0	257
Carne de buey magra	100 g	19,5	10	0	168
Castañas	100 g	4	3	42	211
Cebada pelada	100 g	8,5	1,1	78	356
Cerdo (costillas)	100 g	15	20	0	240
Cerdo (filetes)	100 g	16	25	0	289
Cereza	100 g	1,2	0,5	17	77
Cerveza	1 dl	0,5	0	4	46
Champaña	1 dl	0	0	4	72
Chicharrones	100 g	15	41	0,1	430
Chocolate	100 g	2	30	63	530
Ciruelas	100 g	2,3	0,4	70	290
Coca-cola	1 dl	0	0	11	44
Compota (m)	100 g	0	0	25	100.
Conejo	100 g	22	6	0	142
Cordero (M)*	100 g	17	22,5	0	270
Cordero añojo (M)*	100 g	16	24	0	280
Corn-flakes	100 g	8,6	1,6	85,1	368
Crêpe	100 g	9	3	15	120
Croissant	100 g	5	18	47	382
Cuscús	100 g	20	35	45	575
Fabada (M)	100 g	8,5	8	11,5	
Foie gras	100 g	14	45	2	468

Alimentos	Cantidad	Prótidos (en g)	Lípidos (en g)	Glúcidos (en g)	Kcal
Frutas frescas (M)	100 g	0	0	15	60
Galletas	100 g	8,2	10	76	427
Gallina	100 g	22	0	106	
Gambas	100 g	18,1	0,8	0	80
Ganso	100 g	16	32	0	350
Gaseosas	1 dl	0	0	12	48
Germen de soja	100 g	6	1,4	5,3	57
Germen de trigo	100 g	25	10	50	390
Hamburguesa	100 g	13	10	30	262
Harina	100 g	10	1,5	75	353
Helado	100 g	5	8,7	25	200
Hortalizas	100 g	1,25	0	7,5	35
Huevo entero	100 g	13	12	0,6	162
Huevo (dara)	100 g	10,9	0	0,8	51
Jamón	100 g	18	4	1,8	115
Jamón ahumado	100 g	17	35	0	380
Ketchup	100 g	2	0,4	21	96
Licor anisado	1 dl	0	0	0	252
Leche entera	1 dl	3,5	3,6	5	65
Leche semidesnatada	1 dl	3,5	1,8	5	49
Leche desnatada	1 dl	3,5	0	5	34
Legumbres (M)	100 g	23	1,5	59	340
Levadura de cerveza	100 g	50	4	30	356
Maizena	100 g	9	3,5	70	350
Maíz	100 g	10	4	70	356
Mantequilla	100 g	1	84	0	760
Mantequilla ligera	100 g	7	41	1	40
Margarina	100 g	1	83	1	750
Mariscos (M)	100 g	12,5	1	3,5	73
Mahonesa	100 g	1,5	79	3	729
Merguez (*)	100 g	16	26	0,6	300
Mermelada	100 g	0,5	0,1	70	280
Miel	100 g	0,5	0,2	75	300
Morcilla blanca	100 g	10	13	5,5	179
Morcilla negra	100 g	12	33	1	349
Mousse de chocolate	100 g	9	27	41	445
Nata líquida	100 g	3	30	4	163
Nata ligera	100 g	3	15	4	163
Nueces	100 g	15	62,2	14,3	677
Paella	100 g	20	38	40	582
Pan tostado	100 g	12	8	74	416
Pan de molde	100 g	7	4	55	284
Pan de salvado	100 g	13	5	40	257
Pan integral	100 g	9,5	1,9	53,4	269
Pan al chocolate	100 g	5	18	47	382

Alimentos	Cantidad	Prótidos (en g)	Lípidos (en g)	Glúcidos (en g)	Kcal
Pastas crudas	100 g	12,8	1,4	76,5	375
Pastas cocidas	100 g	3,4	0,4	22,9	
Pasteles	100 g	5,8	15	75	455
Patatas fritas	100 g	7,6	37	50	
Patatas	100 g	2	0	20	88
Paté (M)	100 g	12	31	4	343
Pato	100 g	20	17,5	0	237
Pavipollo	100 g	22	10	0	178
Perrito caliente	100 g	15	25,4	3,1	301
Pescado empanado	100 g	13,5	0,9	15,5	124
Pescado magro	100 g	16,5	1,5	0	80
Pescado graso (M)	100 g	19,5	13	0	195
Petit-suisse	100 g	10	10	4	146
Pilpil de trigo	100 g	13	2,5	67	342
Piña (zumo)	1 dl	0	0	13,5	54
Pizza (M)	100 g	5	10	22	198
Plátano	1	1,4	0,5	20	90
Pollo sin piel	100 g	20,5	4,3	0	121
Quesos ligeros	100 g	24	11	0	200
Quesos (M)	100 g	20	22	0	280
Raviolis	100 g	4,3	3,2	13	98
Requesón (20% de materia grasa)	100 g	8	4	3	80
Requesón (40% de materia grasa)	100 g	8	8	3	116
Requesón (0% de materia grasa)	100 g	8	0	3	44
Salami	100 g	14	49	2,2	506
Salchicha	100 g	15	40	0	420
Salchichas (M)	100 g	12,5	30	1,5	325
Salchichón (M)	100 g	25	51	0	559
Salsa de tomate	100 g	1,5	8,5	9	120
Sardinas en aceite	100 g	25,7	11	0	202
Sémola cruda	100 g	13	1,4	76	368
Sorbete	100 g	0,9	1,2	30,8	134
Tartas saladas	100 g	5	30	55	110
Tocino ahumado	100 g	10	70	0	670
Tostada	100 g	10	2,5	75	362
Vino tinto 12°	1 dl	0	0	0,2	67
Vino blanco	1 dl	0	0	4	72
Vinos afrutados (M)	1 dl	0	0	0,2	67
Whisky	1 dl	0	0	0	252
Yogur desnatado	100 g	3,6	0,1	5	35
Yogur natural	100 g	4,1	0,4	8,42	
Yogur de frutas	100 g	1	5,17	9,8	

(M): porción mediana   * : se refiere a carnes crudas. (*): merguez es una salchicha picante, de origen árabe.

LAS VITAMINAS

Son sustancias no energéticas, pero indispensables para el organismo. Permiten una óptima utilización de los nutrientes

Las vitaminas se dividen en:
— **liposolubles**: A, D, E, K
— **hidrosolubles**: C, y las vitaminas del grupo B; las principales son Bl; B2, B5, B9, PP

Vitaminas	Función en el organismo	Principales fuentes alimenticias
A	crecimiento, protege la vista y facilita la visión nocturna	materias grasas de la leche, huevos, hígado, frutas y legumbres de color
D	previene el raquitismo, ayuda a fijar el calcio	materias grasas de la leche, huevos hígado. **Fuentes no alimenticias**: fabricadas por el organismo bajo la acción de los rayos solares sobre la piel
E	previene el envejecimiento, actúa en presencia de la vitamina A	aceites vegetales, margarinas de los mismos
K	coagulación de la sangre, antihemorrágica	verduras: repollo, guisantes, espinacas, tomates. **Fuentes no alimenticias**: fabricadas por las bacterias en el intestino
C	antifatiga, estimula las defensas del organismo y favorece la absorción del hierro	todos las cítricos, todas las verduras, en especial las de hoja
B1	vitamina del sistema nervioso	carne de cerdo, vísceras, legumbres
B2	vitamina para todo	vísceras, queso azul, camembert
B5	crecimiento del cabello	despojos, huevos, cereales
B9	previene la anemia	verduras de hoja, zanahorias, espárragos
PP	buen funcionamiento celular	hígado, aves, pescado, champiñones, café

Cada alimento aporta una o varias vitaminas. Ninguno las contiene todas.

LOS ELEMENTOS COMPLEMENTARIOS

— Sales minerales y oligoelementos:

Nuestro cuerpo contiene todos los minerales y oligoelementos presentes en la naturaleza, en mayor o menor cantidad.

Todos son indispensables para el buen funcionamiento del organismo. La eficacia de unos está determinada por la presencia de otros.

Sus funciones son múltiples: algunos son constructores (esqueleto, huesos, sangre), otros son constituyentes de numerosas células, o también reguladores o protectores.

Los principales **minenales** son: calcio, magnesio, potasio, sodio y fósforo.

Los principales **oligoelementos** son: hierro, zinc, cobre, yodo y flúor.

Minerales y oligoelementos	Función en el organismo	Principales fuentes alimenticias
CALCIO	constituyente esencial de los huesos y de la sangre	productos lácteos, frutos secos, legumbres, berro, endivias, remolacha, aguas
MAGNESIO	asegura un buen equilibrio nervioso y regulariza la excitabilidad muscular	legumbres, cereales, frutos secos chocolate, mariscos
POTASIO	favorece la absorción del agua	todas las frutas, hortalizas y legumbres, chocolate
SODIO	actúa con el potasio para regularizar el reparto del agua en el organismo	sal, embutidos, aceitunas, quesos, conservas vegetales
FÓSFORO	constituyente de los huesos	todos los quesos, leche, hortalizas y legumbres, pescado, sesos
HIERRO	previene la anemia; constituyente de los glóbulos rojos	vísceras, carne roja, legumbres y hortalizas, chocolate
ZINC	desarrollo de las hormonas sexuales	guisantes, mariscos, cereales, levadura de cerveza
COBRE	previene la anemia	hígado, mariscos, legumbres huevo, plátano
YODO	previene el bocio	sal marina, pescado de mar, crustáceos, mariscos, ajo, huevo
FLÚOR	previene caries	legumbres secas, hortalizas, frutas, té

Cada alimento contiene minerales y oligoelementos. Ninguno los contiene todos.

LOS COMPLEMENTOS ALIMENTÍCIOS

Como su propio nombre indica, se trata de alimentos que completan la ración diaria, aportando al organismo minerales, oligoelementos y vitaminas, a veces escasos.

— Levadura de cerveza:

Su interés reside en la presencia de 17 vitaminas (especialmente todas las del grupo B) y de 14 minerales y oligoelementos. Por otra parte, no se puede menospreciar su contenido en proteínas: 36 g de g/100 de levadura, con un contenido de 30 g de glúcidos y 1 g de lípidos, poseen un valor calórico de 275 Kcal/100 g.

La cantidad diaria a consumir puede ser de una cucharada de sopa, es decir 8 g, que cubre 1/3 de las necesidades de vitamina B1 y 1/5 de las necesidades de vitamina B2.

Se puede utilizar la levadura de cerveza en las ensaladas, los cereales, los zumos de fruta y de verduras.

Los valores mencionados aquí son los de las levaduras comunes, pero hay otras, llamadas "alimenticias", que son aún más ricas en vitamina B.

Nunca se debe consumir levadura de cerveza fresca destinada a la cocción en el horno.

— Germen de trigo:

Es muy rico en hierro y en vitaminas B1 y E. El germen de trigo fresco es mejor y más barato.

Se deben evitar los gérmenes de trigo "tratados", es decir, aquellos a los que se ha agregado azúcar (carentes de interés nutritivo).

Se puede emplear el germen de trigo añadido a cereales calientes o fríos, a yogures y a tartas, reemplazando 1/2 taza de harina por la misma cantidad de germen de trigo; también se puede añadir a los zumos de fruta que se preparan en la licuadora o en el exprimidor.

— Algas:

Las algas forman parte de la alimentación de los japoneses desde hace mucho tiempo. Aunque a nuestra mesa llegaron por la puerta trasera, se puede afirmar que tienen el porvenir asegurado.

Su riqueza en vitaminas, minerales y oligoelementos, y su escasez de lípidos, hacen de ellas un excelente complemento alimenticio.

Hay diferentes variedades de algas, y cada una de ellas presenta una composición especifica:

— la nori, rica en vitamina A
— la lechuga púrpura, rica en magnesio y en vitaminas B1, B2, PP y C
— la wakamé, rica en vitamina C, calcio y magnesio
— los cabellos de mar, ricos en vitamina PP y calcio
— la lechuga de mar, rica en hierro y magnesio

Las algas también tienen un contenido no desdeñable en cobre, cobalto, selenio, zinc y ácido fólico (vitamina B9).

Se las encuentra frescas, secas, en rama, en hebras y en polvo.

Son objeto de controles muy severos, para evitar la toxicidad de los metales pesados (mercurio, plomo) presentes en el agua de mar.

— **Agua y bebidas**:

Nuestro cuerpo está compuesto en un 60% a 70% de agua, que se renueva sin cesar. El agua es un elemento esencial de la vida, es la más vital de nuestras necesidades: un déficit del 20% puede originar la muerte.

Por sus propiedades, el agua asegura el intercambio entre las células, el transporte, la depuración y el equilibrio térmico. También participa en la estructura y en el metabolismo de cada célula.

No se puede estar más de dos días sin beber. Diariamente se eliminan dos litros y medio de agua (en forma de transpiración y de orina): el organismo debe recibir la misma cantidad para que el balance hídrico esté equilibrado.

De estos dos litros y medio, un litro es aportado por los alimentos. Resta, por lo tanto, beber un litro y medio entre las comidas. La necesidad de agua es variable de un individuo a otro, pero un litro y medio de bebida al día representa lo mínimo indispensable. En caso de fiebre. diarrea o fuertes calores, hay que beber más.

¿Qué beber?

La bebida más indicada es el agua del grifo: las plantas purificadoras han logrado un perfeccionamiento tal que el agua del grifo es siempre potable, aún cuando tenga un sabor desagradable. En este caso, llene una botella y déjala destapada en la nevera una hora antes de consumirla. Recuperará toda su confianza en el agua del grifo.

No olvide que las aguas minerales son aguas cargadas de ciertos elementos dotados de propiedades terapéuticas. No se deben consumir sin el adecuado control; su composición mineral puede perturbar el equilibrio del organismo.

El resto de las bebidas (zumos de frutas, zumos de verduras, gaseosas, café, té, infusiones, tisanas, vino, cerveza, aperitivos) se pueden consumir como complemento de la ración diaria de agua, y con moderación en el caso de que sean azucaradas y/o alcohólicas.

— **Fibras**:

Son sustancias vegetales aportadas por la alimentación, no digeribles por las enzimas digestivas del hombre.

Las fibras están constituidas por cinco elementos esenciales: celulosas, hemicelulosas, ligninas, pectinas y gomas. Cada alimento puede presentar todas las fibras, pero en distinta cantidad, según la fuente vegetal de donde provengan.

Sin embargo, los cereales, y especialmente el trigo, siguen siendo la principal fuente de fibras alimenticias.

— **La celulosa**, fibra insoluble, es un constituyente de los tallos vegetales y de los granos de cereales.
— **La hemicelulosa**, fibra insoluble, es parte de la envoltura de los cereales.
— **La pectina**, fibra soluble, está contenida en las frutas.
— **La lignina**, fibra insoluble de los cereales, se encuentra en el salvado de trigo.
— **La goma de guar**, fibra soluble, se extrae de las alubias.

La cantidad de fibras que se absorbe siguiendo una alimentación corriente es insuficiente. Sin embargo, la fibra es indispensable en tanto que elemento de lastre cuya función es hacer progresar el bolo alimenticio en el intestino grueso.

Su misión también incluye la regulación de las funciones digestivas.

Los alimentos más ricos en fibras son, por tanto, los cereales enteros, las frutas, las verduras y las legumbres.

Hay que aclarar que el salvado de trigo es eficaz contra la lentitud intestinal, sobre todo si es grueso y está crudo.

LOS GRUPOS ALIMENTICIOS

Normalmente, los alimentos se clasifican en varios grupos según su contenido en nutrientes.

A continuación pasaremos revista a los siete grupos alimenticios, señalando, en cada caso, sus principales aportes.

— **Productos lácteos**:

Son los quesos, los lácteos, la leche en todas sus formas. Aportan calcio, proteínas animales y vitaminas A (productos no desnatados) y B, así como lípidos (productos no desnatados).

— **Carne, pescado, huevo**:

Este grupo comprende también los embutidos, los productos de casquería y todos los de mar.

Este grupo es una fuente de proteínas animales, de lípidos ricos en ácidos grasos saturados (salvo el pescado), de vitamina B y de hierro.

— **Hortalizas, frutas**:

Comprende todas las hortalizas y todas las frutas.

Aporta glúcidos rápidos, vitaminas A y C (las frutas de color más intenso), fibras y minerales.

— **Cereales, féculas**:

Se encuentran en todas las clases de pan, en las legumbres, las patatas y todos los cereales.

Aportan glúcidos lentos (almidón), proteínas vegetales, magnesio, vitaminas B y fibras (los cereales enteros).

— **Productos azucarados**:

Son la fuente principal de glúcidos rápidos. Algunos productos, como la miel y el chocolate, son de cierto interés, puesto que aportan minerales.

— **Cuerpos grasos**:

Bajo esta denominación se agrupan los aceites de condimento y de fritura, las mantequillas, las margarinas, las natas líquidas, las grasas animales (sebo, tocino, manteca de cerdo, grasa de oca).

Los principales aportes son evidentemente los lípidos, pero, asimismo, la vitamina A (mantequilla y nata), la vitamina E (aceites vegetales), y ácidos grasos esenciales (aceites y margarinas insaturadas).

— **Bebidas**

En este grupo se incluyen todos los tipos de agua, las bebidas azucaradas y las gaseosas, las bebidas alcohólicas y las bebidas calientes (café, té, tisana).

Todas aportan agua al organismo, junto con minerales (agua), vitamina C (zumos de frutas) y alcohol.

Sólo el agua tiene un interés nutricional.

HIGIENE DE VIDA Y EQUILIBRIO ALIMENTICIO

Un buen comensal no es un comilón, sino aquel que, sin olvidar los placeres de la mesa, sabe elegir los alimentos que van a contribuir a lograr una buena salud.

Los hábitos alimenticios españoles permiten una alimentación equilibrada, variada y agradable, siempre que se conozcan los principios dietéticos básicos de una buena higiene de vida.

DIETA EQUILIBRADA EN UN DÍA

Si se quiere intentar tener una dieta alimenticia equilibrada en un día, se debe satisfacer la necesidad de los tres nutrientes básicos (prótidos, lípidos, glúcidos); pero el equilibrio alimenticio también se obtiene en varios días, variando la alimentación para satisfacer igualmente la necesidad de minerales, oligoelementos y vitaminas.

Como ya hemos visto, el reparto ideal de los nutrientes es el siguiente:

— prótidos: 12% a 15% de la ración calórica
— lípidos: 30% a 35% de la ración calórica
— glúcidos: 50% a 55% de la ración calórica

La ingestión de alimentos se debe dividir en, por lo menos, tres comidas diarias, con:

— 25% de los aportes en el desayuno
— 40% de los aportes en el almuerzo
— 35% de los aportes en la cena

Se aconseja una merienda a los niños y adolescentes, a las mujeres embarazadas, a los convalecientes, a los ancianos y a todos aquellos que sientan la necesidad de tomarla. En ese caso, esa comida representa el 15% de los aportes del día (que se deduce del almuerzo y de la cena).

Una jornada de alimentación equilibrada debe organizarse de esta manera:
— 1 producto lácteo en cada comida
— 1 alimento crudo (verdura o fruta cruda) en cada comida
— 1 producto proteico en cada comida (carne, pescado o huevo)
— 1 producto feculento o cereal en cada comida
— 1 litro y medio de agua bebida regularmente

No se deben olvidar las vísceras, las legumbres y el pescado.

RACIONES ALIMENTICIAS

La ración alimenticia corresponde a la necesidad energética de un individuo determinado. Esta necesidad está directamente relacionada con la cantidad de energía consumida por el organismo.

Los gastos de energía son de tres tipos: el metabolismo de base, la actividad física y la termogénesis.

Por otra parte, las necesidades calóricos varían en función del sexo (es más elevada en el hombre que en la mujer), de la edad, de la actividad muscular y de ciertos estados fisiológicos (embarazo, lactancia).

Por este motivo, se encontrarán aquí ocho raciones y repartos diferentes; cada uno de ellos corresponde a una necesidad energética determinada.

Niño de 3 años	Ración de 1.300 Kcal 12% de prótidos — 30% de lípidos — 58% de glúcidos					
Alimentos	**Por día**	**Desayuno**	**Almuerzo**	**Merienda**	**Cena**
LECHE	**400 ml**	150 ml		150 ml	100 ml
QUESO	**20 g**		20 g		
CARNE, PESCADO, HUEVO	**50 g**		50 g		
PAN	**100 g**	25 g	25 g	25 g	25 g
CEREALES	**30 g**				30 g
PATATAS	**180 g**		180 g		
HORTALIZAS	**150 g**				150 g
FRUTAS	**150 g**		75 g		75 g
MANTEQUILLA	**15 g**	10 g			
ACEITE	**10 g**		5 g		5 g
AZÚCAR	**30 g**	10 g		10 g	10 g

Niño de 10 años	Ración de 2.400 Kcal 13% de prótidos — 30% de lípidos — 57% de glúcidos					
Alimentos	**Por día**	**Desayuno**	**Almuerzo**	**Merienda**	**Cena**
LECHE	**400 ml**	150 ml		150 ml	100 ml
QUESO	**30 g**		30 g		
CARNE, PESCADO, HUEVO	**130 g**		80 g		50 g
PAN	**250 g**	75 g	50 g	75 g	50 g
CEREALES	**25 g**				25 g
PATATAS	**300 g**		300 g		
HORTALIZAS	**300 g**		100 g		200 g
FRUTAS	**250 g**		125 g		125 g
MANTEQUILLA	**25 g**	10 g	5 g	10 g	
ACEITE	**40 g**		20 g		20 g
AZÚCAR	**50 g**	20 g	5 g	20 g	5 g

Adolescente	Ración de 3.000 Kcal 14% de prótidos — 30% de lípidos — 56% de glúcidos				
Alimentos	Por día	Desayuno	Almuerzo	Merienda	Cena
LECHE	400 ml	200 ml		200 ml	
QUESO	50 g		25 g		25 g
CARNE, PESCADO, HUEVO	200 g		125 g		75 g
PAN	300 g	100 g	75 g	50 g	75 g
CEREALES	30 g				30 g
PATATAS	350 g		350 g		
HORTALIZAS	350 g		100 g		250 g
FRUTAS	400 g	1 g	1 gr.	1 g	
MANTEQUILLA	30 g	10 g	5 g	10 g	5 g
ACEITE	40 g		20 g		20 g
AZÚCAR	50 g	20 g	5 g	20 g	5 g

Mujer de actividad media	Ración de 2.000 Kcal 14% de prótidos — 33% de lípidos — 53% de glúcidos				
Alimentos	Por día	Desayuno	Almuerzo	Merienda	Cena
YOGUR	2	1			1
QUESO	40 g		40 g		
CARNE, PESCADO, HUEVO	150 g		100 g		50 g
PAN	175 g	75 g	50 g		50 g
PATATAS	250 g		200 g		50 g
HORTALIZAS	350 g		100 g		250 g
FRUTAS	300 g		150 g		150 g
ACEITE	20 g		10 g		10 g
MANTEQUILLA	30 g	20 g	5 g		5 g
AZÚCAR	30 g	10 g	10 g		10 g

Hombre de actividad media	Ración de 2.700 Kcal 14% de prótidos — 31% de lípidos — 55% de glúcidos				
Alimentos	Por día	Desayuno	Almuerzo	Merienda	Cena
YOGUR	1	1			
QUESO	80 g		40 g		40 g
CARNE, PESCADO, HUEVO	200 g		120 g		80 g
PAN	250 g	100 g	75 g		75 g
PATATAS	350 g		100 g		250 g
HORTALIZAS	500 g		350 g		150 g
FRUTAS	400 g	100 g	150 g		150 g
ACEITE	30 g		15 g		15 g
MANTEQUILLA	30 g	20 g	5 g		5 g
AZÚCAR	60 g	20 g	20 g		20 g

Mujer embarazada (2º y 3er trimestre)	Ración de 2.250 Kcal 16% de prótidos — 31% de lípidos — 53% de glúcidos				
Alimentos	Por día	Desayuno	Almuerzo	Merienda	Cena
YOGUR	4	2	1		1
QUESO	40 g			40 g	
CARNE, PESCADO, HUEVO	175 g		125 g		50 g
PAN	200 g	50 g	50 g	50 g	50 g
PATATAS	250 g		200 g		50 g
HORTALIZAS	350 g		100 g		250 g
FRUTAS	300 g		150 g		150 g
MANTEQUILLA	25 g	10 g		10 g	5 g
ACEITE	25 g		15 g		10 g
AZÚCAR	40 g	15 g	5 g	15 g	5 g

Persona mayor (65 años)	Ración de 1.800 Kcal 14,5% de prótidos — 33% de lípidos — 52,5% de glúcidos				
Alimentos	Por día	Desayuno	Almuerzo	Merienda	Cena
LECHE	250 ml	250 ml			
YOGUR	2		1		1
QUESO	30 g			30 g	
CARNE, PESCADO, HUEVO	125 g		125 g		
PAN	125 g	50 g	25 g	25 g	25 g
PATATAS	200 g		200 g		
HORTALIZAS	350 g		100 g		250 g
FRUTAS	300 g		150 g		150 g
MANTEQUILLA	25 g	15 g	5 g		5 g
ACEITE	20 g		10 g		10 g
AZÚCAR	40 g	10 g	10 g	10 g	10 g

Deportista	Ración de entrenamiento 3.200 Kcal 16,5% de prótidos — 30% de lípidos — 53,5% de glúcidos				
Alimentos	Por día	Desayuno	Almuerzo	Merienda	Cena
LECHE	300 ml	300 ml			
YOGUR	1		1		
QUESO	60 g			30 g	30 g
CARNE, PESCADO, HUEVO	350 g	50 g	150 g		150 g
PAN	300 g	100 g	75 g	50 g	75 g
PATATAS	400 g		300 g		100 g
HORTALIZAS	500 g		200 g		300 g
FRUTAS	450 g		150 g	150 g	150 g
MANTEQUILLA	30 g	10 g	10 g		10 g
ACEITE	25 g	5 g	10 g		10 g
AZÚCAR	60 g	25 g	10 g	15 g	10 g

EQUIVALENCIAS: MODO DE EMPLEO

LAS EQUIVALENCIAS CLÁSICAS:

Para utilizar correctamente las equivalencias, es necesario tener bien presentes los grupos alimenticios y sus aportes específicos. Se puede decir que una equivalencia es correcta si los dos alimentos que se comparan tienen un nutriente común.

Ejemplo: 10 g de aceite = 23 g de azúcar.

Esta equivalencia no tiene ningún sentido, aun cuando es correcta desde el punto de vista calórico.

De esta manera, se pueden dar equivalencias proteicas, lipídicas, glucídicas y también cálcicas.

El objetivo de las equivalencias es que pueda variar lo más posible su alimentación según sus gustos, su modo de vida y sus dificultades personales, siempre respetando las reglas de higiene alimenticia.

Equivalencias proteicas:

100 g de carne	= 100 g de pescado	= 100 g de ave o vísceras	= 2 huevos
	= 18 ostras	= 150 g de mariscos	= 1/2 litro de leche
	= 4 yogures	= 200 g de requesón	= 100 g de camembert
	= 70 g de gruyere		

Equivalencias glucídicas:

100 g de pan	= 6 tostadas
	= 70 g de harina
	= 70 g de corn-flakes
	= 55 g de cereales con frutos secos
100 g de patatas	= 100 g de pasta cocida
	= 100 g de arroz cocido
	= 100 g de sémola cocida
	= 80 g de legumbres cocidas
	= 40 g de pan
100 g de frutas	= 15 g de azúcar
	= 3 terrones de azúcar

Equivalencias lipídicas:

10 g de aceite	= 1 cucharada sopera de aceite
	= 12 g de margarina o mantequilla
	= 20 g de mantequilla ligera
	= 30 g de nata líquida
	= 60 g de nata ligera

Equivalencias cálcicas:

25 cl de leche	= 2 yogures
	= 10 petit-suisses de 30 g
	= 300 g de requesón
	= 60 a 80 g de queso de pasta blanda
	= 30 g de queso de pasta dura

EQUIVALENCIAS VEGETARIANAS

En un régimen vegetariano se excluye toda la carne; los cereales, las hortalizas, las frutas y los subproductos animales como los huevos, la miel, la leche y sus derivados, sí están permitidos.

La base de este tipo de régimen son los vegetales. Los vegetales aportan el mínimo de proteínas indispensable para el mantenimiento de la vida, pero estas proteínas son insuficientes para asegurar un buen nivel de nutrición.

Hay un segundo inconveniente a largo plazo: el hierro. La carne y las vísceras contienen el hierro que mejor se asimila. Por este motivo, es aconsejable que las personas que se someten a un régimen vegetariano se hagan un análisis de sangre una vez al año, con vistas a controlar las proteínas y el hierro.

Éstas son las razones por las que el conocimiento de las equivalencias proteicas y de las necesidades de hierro es tan importante para los vegetarianos.

25 g de proteínas son aportadas por:

— 3 huevos
— 3/4 litro de leche
— 75 g de leche desnatada en polvo
— 100 g de queso de pasta dura
— 150 g de queso de pasta blanda
— 300 g de requesón
— 7 yogures
— 9 petit-suisses de 30 g
— 110 g de guisantes, lentejas y habas (crudos)
— 300 g de alubias secas (cocidas)
— 65 g de soja
— 1 kg de hortalizas
— 300 g de pan integral
— 250 g de harina de trigo

Las necesidades proteicas diarias son:
— para una mujer, de 65 a 75 g.
— para un hombre, de 100 g.

Contenido medio de hierro (mg por 100 g) en peso crudo:

Arroz = 0,4
Legumbres = 8 a 10
Espinacas = 4
Huevos = 2,7

con porcentajes de absorción débiles: 1% a 5%

Las necesidades diarias son:
— para una mujer, de 18 mg
— para un hombre, de 10 mg

MATERIAL Y MODO DE COCCIÓN

Para cocinar de manera equilibrada, se necesitan productos de calidad y un material que se adapte a las necesidades previstas.

LOS MEJORES UTENSILIOS

Por lo general, la cocina ligera no exige el uso de un material especial ni muy costoso; los instrumentos necesarios son los siguientes:

— dos sartenes antiadherentes
— una cacerola y una fuente para horno
— una olla a presión, es el utensilio por excelencia de las cocciones largas. Se caracteriza por cocinar a presión, herméticamente cerrada, a una temperatura de 110 a 120 °C. La ventaja que presenta es que la cocción es mucho más rápida y necesita la mitad de líquido o de grasa.
— una parrilla de contacto o difusora
— De manera optativa, un microondas, ideal para cocinar sin materia grasa. La elección de los materiales que se deben usar para este tipo de cocción ha de ser muy cuidadosa. Se puede emplear vidrio, loza, porcelana, cerámica, arcilla, papel, cartón y ciertos materiales plásticos especialmente concebidos para cocinar en microondas.

Los principales accesorios útiles son:

— una batidora eléctrica
— una licuadora
— una picadora
— pinceles para untar las materias grasas
— buenos cuchillos

LAS FORMAS DE COCCIÓN

Cocinar un alimento es someterlo a la acción del calor. Ello origina modificaciones que se ponen de manifiesto en:

— la textura: las proteínas se coagulan, los lípidos se funden, los glúcidos se caramelizan o forman un engrudo, las fibras se ablandan.
— el sabor: existe una diferencia de sabor entre un alimento crudo y el mismo alimento cocido. Las cocciones prolongadas alteran el gusto de los alimentos
— el valor nutritivo: la cocción genera el paso de elementos hidrosolubles hacia el medio de cocción

De ahí la importancia de realizar correctamente una cocción que respete los tiempos de reposo, de remojo y de cocción.

Cocción en agua, en olla a presión o en una cacerola:

Es importante dosificar bien las cantidades de líquido, aromatizar el agua de cocción, sumergir el alimento en agua bien caliente, y no sobrepasar nunca el tiempo de cocción necesario.

Cocción al vapor, en olla a presión o en cacerola para cuscús:

En este modo de cocción no existe ningún contacto con el líquido que produce el vapor. Este líquido puede ser agua, salada o no, así como un caldo aromatizado. Se pueden cocinar al vapor hortalizas, carnes blancas o de ave.

Cocción al estofado o rehogado, en sartén o en cacerola:

Es una cocción sosegada, a fuego lento. El secreto está en hacer que el alimento se vaya dorando en una pequeña cantidad de materia grasa; después, esa grasa se elimina con un papel absorbente, se vuelve a colocar el alimento en el recipiente con un poco de líquido, y se deja tapado para que se cocine lentamente.

Cocción al horno, en una fuente para horno:

Es imprescindible precalentar el horno entre 5 y 10 minutos antes del inicio de la cocción. El calor interviene directamente, sin la mediación del líquido o del vapor.

Para limitar la grasa que se vaya a utilizar, se unta con pincel la superficie de las carnes y de las aves, se pincha la piel de las aves, se protege el alimento con papel de aluminio, o se cubre con mostaza o con rodajas de limón.

Cocción a la papillote, en el horno, con el alimento envuelto en papel de aluminio:

Es una especie de cocción estofada para pequeños pedazos de carne, de ave, de pescado o de hortalizas.

Con este tipo de cocción se pueden evitar por completo las materias grasas; lo esencial es aromatizar bien el contenido del envoltorio.

Cocción a la parrilla, sobre una parrilla o enrejado: Como sucede con el horno, es necesario calentar la parrilla antes de la cocción.

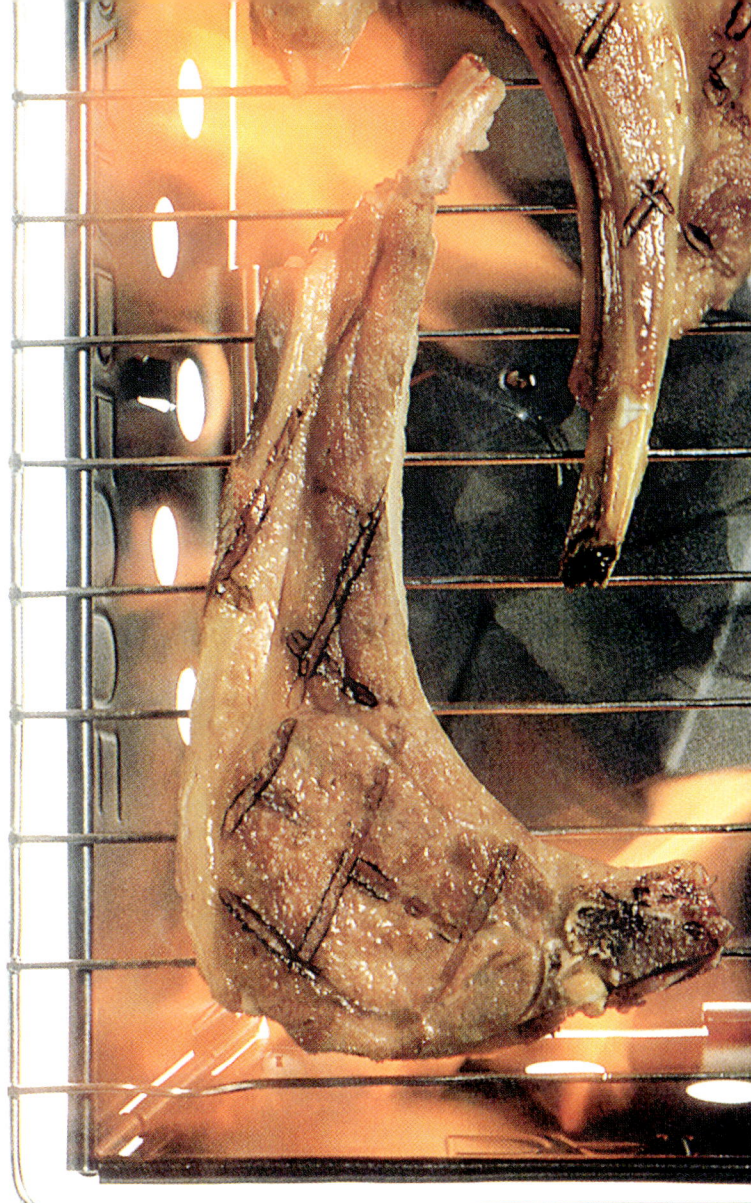

Este método conviene a los alimentos de poco espesor. Se deben asar rápidamente y cerca de la fuente de calor. Los alimentos que tardan más en cocinarse deben asarse más alejados del fuego o sobre una parrilla menos caliente.

Una simple pincelada con sustancias grasas es suficiente para proteger el alimento. También se puede adobar previamente.

Cocción al asador:

Esta cocción consiste, a la vez, en asar y cocer a la parrilla. El alimento se cocina sin quemarse, puesto que gira sin cesar durante la cocción. De este modo, las grasas se escurren con facilidad.

LOS NUEVOS PRODUCTOS

Una vez que se ha producido la transformación del modo de vida, se evidencia la disminución de las necesidades energéticas. A medida que los hábitos de los consumidores se modifican poco a poco, van desarrollándose toda una gama de alimentos: los productos dietéticos.

Para informar y proteger a los consumidores, los industriales han elaborado un código de uso que regula estos productos.

LOS EDULCORANTES

En países con gran tradición en consumo de dulces, se llega a ingerir cada dos años el equivalente al propio peso en sacarosa.

El interés de los edulcorantes reside en que son productos que sustituyen al azúcar sin aportar calorías, gracias a su elevado poder endulzante, y en que, en el caso de algunos de ellos, también son anticaries (es decir, no favorecen el desarrollo de las caries).

Para un mejor análisis de los diferentes edulcorantes, hemos elaborado un cuadro en el que se especifica, en cada caso, su poder edulcorante, su valor energético y sus aplicaciones.

Sólo se mencionan aquí las sustancias endulcorantes legalmente autorizadas. Muchas otras están en estudio o están autorizadas en según qué países.

¿PUEDEN LOS EDULCORANTES OCUPAR UN LUGAR DENTRO DE UNA ALIMENTACIÓN EQUILIBRADA? (exceptuando toda patología)

La respuesta no es sencilla

SÍ, en la medida en que se consume demasiada sacarosa. Los edulcorantes permiten disminuir el aporte de azúcares rápidos, inútiles si no hay esfuerzos deportivos.

NO, porque esta disminución de los azúcares rápidos no se ve compensada por un aumento de los azúcares lentos, sino por un creciente consumo de lípidos animales; muchas personas endulzan su café con un edulcorante, pero eligen un pastel como postre.

EDULCORANTES	PODER ENDULCORANTE Sacarosa = 1	VALOR CALÓRICO Sacarosa = 4	APLICACIONES
POLYOLES			
Sorbitol	50	4	Poco o casi nada de gusto, resaltan los sabores y los aromas
Xylitol	100	4	
Maltitol	95	2	
Mannitol	60	2	
Lactitol	40	2	
Lycasin	75	2,5 a 4	
EDULCORANTES INTENSOS DE SÍNTESIS			Bebidas no alcohólicas Edulcorante de mesa Numerosos usos
Sacarina	200	Débil	
Aspartamo	200		
Acetosulfamo	200		
EDULCORANTES INTENSOS VEGETALES			Chicle, pasta dentífrica, bebidas suaves
Thaumatina	3.000		

A veces, los industriales asocian varios edulcorantes intensos en el seno de un mismo producto.

Resumiendo: los edulcorantes son sustancias de un valor inestimable para todo lo que debe ser endulzado.

No obstante, solemos endulzar muchas cosas que, al natural, son deliciosas. En estos casos, el valor de los edulcorantes es discutible; quizá sería conveniente aprender a comer los alimentos tal y como son.

Producto de referencia	Hipocalóricos		Producto diferente
	Producto ligero	Producto dietético	
	– 1/4 calorías	– 1/2 calorías	
	optativo	obligatorio	
	restauración en micronutrientes vitaminas y minerales)		
Camembert con 45% de materia grasa	Queso ligero con 35% de materia grasa	Queso con 25% de materia grasa	Queso sin grasas animales

— Bebidas ligeras:

El término ligero *(light)* se aplica únicamente a los productos "endulzados con un edulcorante intenso".

Ejemplo: un yogur con frutas edulcorado con aspartamo es un producto ligero. Un yogur de frutas, aun cuando tenga un 0% de materia grasa, es un producto rebajado.

Generalmente, el edulcorante que se emplea en las bebidas es el aspartamo, ya sea solo o mezclado con acetosulfamo o sacarina.

La gama de bebidas ligeras es amplia: jarabe, zumo, gaseosa, cóctel de frutas, zumo de frutas en polvo, cerveza, etc.

El valor calórico medio de los zumos de frutas y de las gaseosas ligeras está comprendido entre 5 y 10 Kcal/100 g. Las cervezas ligeras aportan aproximadamente 30 a 40 Kcal/100 g.

Conviene recordar que el agua no aporta ninguna caloría y que es la única bebida verdaderamente indispensable para el organismo. Las otras bebidas, incluidas las ligeras, no deben constituir el principal aporte hídrico de la jornada, especialmente durante las comidas.

— Productos lácteos ligeros:

Son los yogures, requesones, cremas, flanes y todo tipo de postres edulcorados con aspartamo.

A menudo tienen sabor a fruta y contienen un 0% de materia grasa.

Sus aportes calóricos pueden ser de 40 a 85 Kcal/100 g; un yogur contiene 125 g. ¡Hagan ustedes un cálculo!

Para diferenciarlos de los productos lácteos azucarados, proponemos varias soluciones:

— buscar el término "aspartamo" en el envase
— comparar los aportes calóricos
— la palabra "ligero" a veces se menciona en el propio nombre del producto

Desconfíen de los productos con nombres que sugieran la delgadez, pueden ser engañosos.

DISMINUIR LAS MATERIAS GRASAS

Los primeros productos con bajo contenido en materia grasa aparecieron en los años setenta: la leche desnatada, los requesones y los yogures con un 0% de materia grasa fueron los pioneros. Luego, la lista se vio incrementada con la llegada de los quesos ligeros, las natas líquidas, las mantequillas y las margarinas, los aliños, las salsas frías, los platos cocidos..., y un sinfín de productos.

Los productos ligeros sólo existen en relación a los productos de referencia; el calificativo "ligero" se puede emplear como argumento de venta (¡los comerciales no se privan de nada!), pero está prohibido hacer referencia a virtudes dietéticas; el etiquetado, por otra parte, debe indicar la reducción en porcentaje de grasas que se ha impuesto al producto.

Como información complementaria sobre estos productos, puede recurrir al código de uso de la página 33.

— **Productos lácteos ligeros:**

Lo primero que se debe saber es que la tasa de materia grasa se indica siempre en relación a la materia seca del producto.

Ejemplo: un requesón con 20% de materia grasa no contiene 20 g de lípidos por cada 100 g, sino 4 g. En efecto, el requesón se compone de un 80% de agua, por lo tanto tiene un 20% de materia seca. 20% de 20g = 4 g.

La gama de productos es amplia:
— leche semidesnatada (1,8 g de lípidos/100 g)
— leche desnatada líquida o en polvo
— yogurt natural (1 g de lípidos/100 g)
— yogur con un 0% de materia grasa
— requesón con un 20% de materia grasa (4 g de lípidos/100 g)
— requesón con un 10% de materia grasa (4 g de lípidos/100 g)
— requesón con un 0% de materia grasa
— petit-suisse con un 40%, 30%, 20% de materia grasa
— quesos ligeros

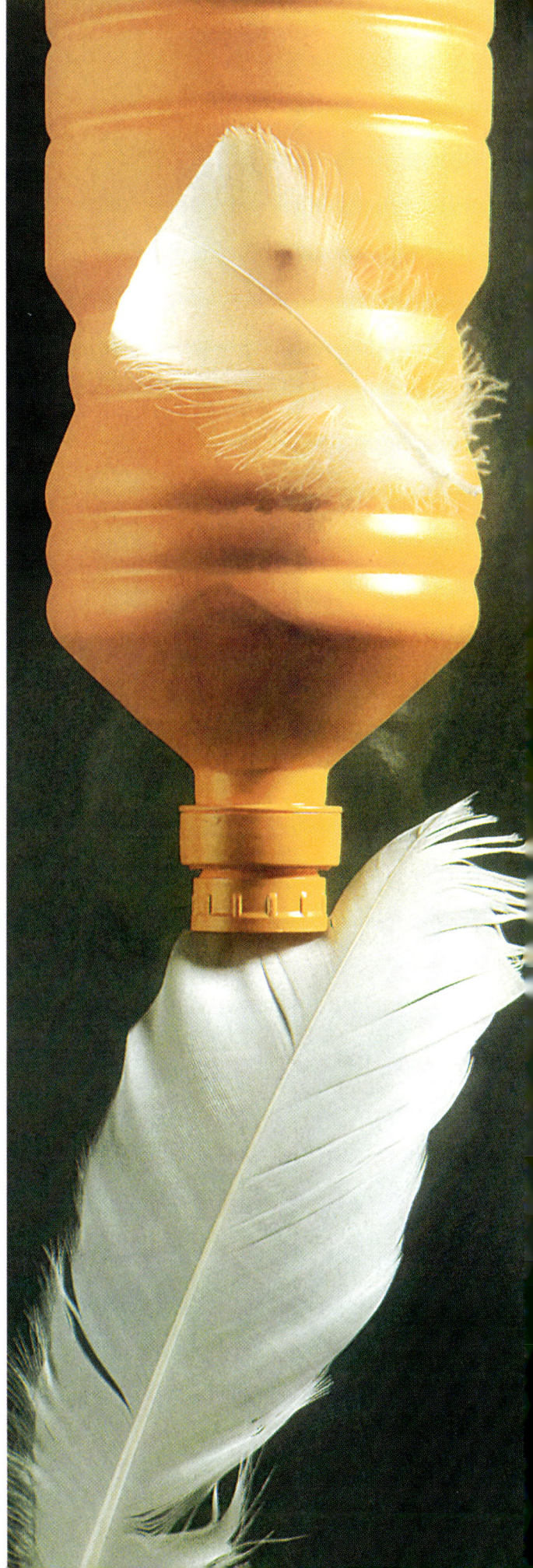

— **Cuerpos grasos ligeros:**

Quizá en el momento de la elección, la abundancia de cuerpos grasos "menos grasos" nos deje perplejos. Sin embargo, la cosa es más sencilla de lo que parece. Juzguen ustedes mismos con el siguiente cuadro:

DENOMINACIÓN DEL PRODUCTO	VALOR ENERGÉTICO	NATURALEZA DE LAS GRASAS APORTES ESPECÍFICOS	USOS POSIBLES
Mantequilla 82% de M. G.	750 Kcal/100 g	grasas animales con vitaminas A y D	cruda o fundida, cocida en pastelerías
Mantequilla rebajada 41% a 65% de M. G.	grasas animales a veces enriquecidas con vitamina A	como la mantequilla	
Especialidad láctea con CRL* 20% a 40% de M.G.	400 a 210 Kcal/100 g	grasas animales	como la mantequilla
Margarina 82% de M.G.	750 Kcal/l00 g	grasas vegetales con vitaminas A y E, ácidos grasos esenciales	cruda, fundida o cocida
Margarina rebajada 41% a 65% de M.G.	620 a 400 Kcal/100 g	grasas vegetales con vitaminas A y E, ácidos grasos esenciales	como la margarina
Pasta para untar con CRL* 20% a 40% de M.G.	400 a 210 Kcal/100 g	grasas vegetales con vitaminas A y E, ácidos grasos esenciales	como la mantequilla
Materia grasa compuesta rebajada 41% a 65% de M.G.	620 a 400 Kcal/100 g	grasas animales y vegetales con vitamina A	como la mantequilla
Pasta para untar con CRL* 20% a 40% de M.G.	400 a 210 Kcal/100 g	grasas animales y vegetales con vitamina A	como la mantequilla
Nata líquida 12% a 20% de M.G.	208 a 135 Kcal/100 g	grasas animales	cruda o ligeramente calentada a fuego lento

CRL*: contenido reducido en lípidos.

— **Aliños ligeros:**

Son los aderezos listos para usar, naturales o aromatizados (con chalotes, hierbas, roquefort, mostaza), y la salsa mahonesa.

Aportan entre un 30% y un 40% de lípidos, es decir, de 300 a 420 Kcal/l00 g, en lugar de las 650 Kcal/l00 g de los aliños clásicos y las 720 Kcal/l00 g de la mahonesa.

También se pueden encontrar versiones rebajadas de salsas calientes a base de requesón, de salsa de tomate, de besamel, con 6% de materia grasa, de salsas de mesa y de caldos desgrasados en cubitos.

Con otras palabras, productos que uno mismo puede elaborar en casa. El interés de los artículos listos para usar reside en que permiten un mejor aprovechamiento y un ahorro de tiempo.

— **Embutidos ligeros:**

Los profesionales de los embutidos centran sus investigaciones en dos puntos:

— la disminución de lípidos de los productos tradicionales
— la fabricación de nuevos productos

El desgrasado de los embutidos tradicionales se consigue empleando carnes más magras (aves), añadiendo agua, productos proteicos (proteínas de soja, de leche, de sangre), productos de almidón (tapioca), y mezclas gelatinosas para espesar.

La media de los aportes de materias grasas es la siguiente: 3% de jamón, en vez de 6%, 12% de salchichas y patés, en vez de 25%, y 30% de chicharrones, en vez de 45%.

Los nuevos productos se elaboran reemplazando la grasa de cerdo por otras materias primas más "ligeras": aceites de pescado, materias grasas vegetales, hortalizas, pescados. Incluso en estos casos, es necesario emplear sustancias gelatinosas para que el producto final tenga una textura de embutido clásico.

Los nuevos productos del ramo son conservas de carne, morcillas, salchichas y salchichones de pescado, mousses, muselinas, conservas de hortalizas, productos mixtos a base de carnes y hortalizas o de pescado y hortalizas.

Ejemplo de aporte para una conserva de brécol: 150 Kcal/100 g.

— Platos cocinados ligeros:

La mayor parte de ellos aportan menos de 300 Kcal por porción.

Se presentan de muy diversas maneras: platos cocinados frescos, platos cocinados congelados, platos cocinados de conservación prolongada.

Estos platos cocinados no responden a la denominación de "ligeros", sino a la de "rebajados". Actualmente, representan el 20% del mercado de los platos cocinados.

Están fabricados a partir de ingredientes rigurosamente seleccionados: menos materias grasas en las salsas y carnes más magras.

El interés nutritivo de estas preparaciones varía según las circunstancias: si los platos se consumen con mesura y control, parece que resultan benéficos. A la inversa, si se consumen de manera habitual, aumenta la necesidad de una compensación en las comidas siguientes.

A mediodía, la ingestión de un plato cocinado rebajado es insuficiente para cubrir las necesidades del organismo y saciar a la persona hasta la cena. Es necesario completar la comida con un producto lácteo y una verdura cruda o una fruta.

OTROS PRODUCTOS LIGEROS

— Bebidas sin alcohol:

Las primeras bebidas sin alcohol que aparecieron en el mercado fueron las cervezas. Hoy en día siguen siendo las más difundidas. Las cervezas ligeras están rebajadas de alcohol: contienen un 3% de alcohol, en vez del 4% a 6% de las cervezas tradicionales. Las hay también con un contenido de alcohol nulo, es decir, con menos de un 1% de etanol.

Las técnicas de fabricación son las mismas que para las cervezas tradicionales. La única diferencia se encuentra en el nivel de fermentación, que se detiene intencionadamente muy pronto para evitar la formación de alcohol.

El resto de las bebidas sin alcohol son bebidas anisadas, aperitivos bíter y bebidas a base de vino y de extractos de frutas llamados *wine coolers*.

— Productos sin colesterol:

Son esencialmente postres de cremas a base de soja, naturales o con frutas.

Estos productos se venden, como los lácteos, en porciones individuales. No producen colesterol, puesto que son 100% vegetales, y tienen un contenido garantizado de vitamina E.

Aportan aproximadamente 4 g de proteínas cada 100 g, es decir, un porcentaje idéntico al de los yogures. Como la soja es muy pobre en calcio, también se han elaborado estos mismos productos enriquecidos con calcio, de manera que se acercan al contenido en calcio de la leche de vaca, que es de 120 mg/100 g.

Los investigadores norteamericanos, en lo que supone su último descubrimiento, han desarrollado un procedimiento para eliminar el colesterol de la leche de vaca sin desnaturalizar el sabor cremoso. Según las previsiones, se supone que la comercialización tendrá lugar dentro de varios años.

CONCLUSIÓN:

Todo parece indicar que los productos ligeros constituyen un paso más hacia la alimentación del año 2000.

Los consumidores encuentran en ellos un compromiso entre salud y placer; además, gracias a estos productos, no hay necesidad de supervisar la alimentación, puesto que ésta se considera sana, digerible y equilibrada.

Para concluir, citaré al Profesor Bernard Guy Grand:

"Los productos ligeros tienen una utilidad indiscutible en ciertos casos, pero son una herramienta, no una solución".

LAS HORTALIZAS DE CUARTO Y QUINTO TIPO

Las hortalizas se clasifican en cinco grupos, dependiendo de sus características:

Primer tipo   = hortalizas frescas
Segundo tipo = hortalizas enlatadas
Tercer tipo   = hortalizas congeladas

El cuarto tipo comprende las hortalizas frescas crudas y listas para ser utilizadas, presentadas en bolsitas: ensaladas, verduras cortadas o ralladas.

El quinto corresponde a los alimentos cocidos o precocidos, envasados al vacío: patatas en cubos y en láminas, o enteras y precocidas.

La ventaja de estos productos es que permiten ahorrar tiempo en el momento de la preparación, puesto que no hay que pelar ni cortar.

Atención: es absolutamente necesario meterlas en el cajón para verduras de la nevera y consumirlas rápidamente.

El contenido en vitaminas de estos productos es comparable al de los productos frescos preparados en casa.

La presentación al vacío respeta tanto el valor nutritivo de los alimentos como las técnicas tradicionales de cocción.

El ahorro de tiempo y trabajo que suponen estos productos debería ser considerado como un incentivo para un mayor consumo de verduras.

ATENCIÓN A LOS ERRORES EN LA ALIMENTACIÓN

En lo que se refiere a la alimentación, todos cometemos errores, independientemente de la clase social y profesional a la que pertenezcamos y de la comida que estemos realizando.

Se puede pecar por exceso o por omisión, consciente o inconscientemente.

En este capítulo se identificarán los errores más frecuentes y también los más graves, así como los medios para evitarlos.

AUSENCIA DE DESAYUNO

Muchas personas eluden el desayuno, aduciendo para ello las excusas más variadas: "no tengo hambre, no tengo tiempo, no me sienta bien, un café es suficiente, cuido mi línea...".

Y, sin embargo, esta primera comida del día es la garantía de nuestro dinamismo y de una buen jornada.

Salir por la mañana con el estómago vacío equivale a querer que un coche recorra unos 500 km con el tanque del combustible vacío; ¡de ahí el malestar que surge a media mañana! El vacío de las 11 de la mañana es la causa de muchos problemas: falta de atención en clase, aumento de accidentes en carretera, accidentes de trabajo e incidentes domésticos.

No es necesario continuar. Esperamos haberle convencido de que el desayuno es indispensable.

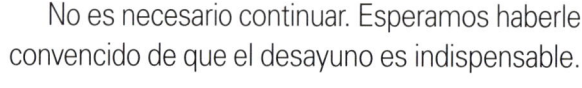

Procure realizar esa comida de manera regular, y comprobará que ya no puede prescindir de ella. Para eso, prepare la mesa del desayuno la noche anterior, levántese un cuarto de hora antes de su hora habitual y siéntese a la mesa. En caso de necesidad, desayune justo antes de salir. Varíe regularmente la composición de esta comida.

El desayuno ideal debe aportar el 25% de las calorías de la jornada, en forma de proteínas, lípidos y glúcidos. En resumen, debe ser una comida equilibrada, como las demás.

La composición debe ser la siguiente:

* un aporte líquido para compensar las pérdidas nocturnas: café, achicoria, té, tisana, zumo de frutas o de verduras, agua pura
* un aporte proteico: huevo, jamón, queso, embutido
* un aporte de calcio: yogur, requesón, leche, petit-suisse, postres lácteos
* un aporte glucídico: pan o derivados, cereales, galletas, tostadas
* un aporte lipídico: mantequilla, margarina

*: composición mínima del desayuno.

ALMUERZO DEMASIADO LIGERO

Esta comida suele ser demasiado ligera e incompleta, sobre todo para aquellos que no tienen la oportunidad de volver a casa a comer al mediodía. Muchas personas emplean el tiempo destinado a las comidas para hacer otras cosas, y no para alimentarse. Muchas mujeres, sobre todo en las grandes ciudades, hacen la compra mientras comen un bocadillo; otras aprovechan el rato para ir al dentista o para avanzar en su trabajo, a la vez que mordisquean un huevo duro que se llevan de casa y beben una taza de café. Pero este comportamiento alimenticio no es exclusivamente femenino.

El resultado no puede ser más desalentador: un almuerzo pasado por alto, insuficiente, a menudo tomado en malas condiciones (de pie, en una esquina del escritorio, apretado en un café) y generador de estrés.

Aunque no disponga de mucho tiempo, organícese para tomar a mediodía una comida, caliente o fría, pero equilibrada. Dedique plenamente este rato de pausa a comer.

Si el lugar donde trabaja dispone de comedor, la dificultad se reduce mucho: puede elegir entre todo lo que se le ofrece. Si usted lleva su comida, prepárela la noche anterior: ensaladas variadas, carne fría que queda del fin de semana, huevos duros o jamón, una fruta, un trozo de queso. Si es inevitable que coma a base de bocadillos, hágaselos de jamón o de queso (siempre con verduras crudas) antes que de algún embutido o que un perrito caliente. Termine la comida con una fruta y un yogur llevados de casa.

En todos los casos, el almuerzo debe tener:
— un aporte proteico: carne, pescado, huevos, jamón
— un plato de hortalizas y/o de féculas
— uno a dos postres: queso, lácteos, cremas, flan, fruta cruda, compota
— pan

CENA DEMASIADO COPIOSA

En muchas ocasiones, sobre todo en las grandes ciudades, cuando varios miembros de la familia comen fuera de casa, la cena se convierte en la comida familiar por excelencia.

Retomemos el hilo del día: desayuno ínfimo, almuerzo muy liviano, por lo tanto, cena copiosa precedida o no de "pellizcos". De este modo, casi toda la alimentación del día se concentra en una sola comida.

Para evitar este error, es suficiente con repartir la alimentación en 3 o 4 comidas equilibradas.

En efecto, el acto de alimentación sirve para cubrir los gastos de energía. Cuando estos gastos son importantes (mañanas y tarde), es necesario comer más abundantemente. Cuando los gastos son mínimos (atardecer y noche), la comida debe ser más ligera. Es una cuestión de lógica.

La reunión diaria con la familia no debe convertirse en una excusa para comer más. Por mucha alegría que cause tener a toda la familia reunida alrededor de la mesa, una cena de 4 a 5 platos diferentes sigue siendo un absurdo dietético.

Si usted tiene poco tiempo para preparar esta comida, organícese con antelación, recurra a las sobras de los días anteriores, y no olvide las conservas y los congelados.

La cena debe aportar:

— un complemento de proteínas en forma de pescado, huevos, jamón, embutidos o queso. No tiene sentido servir carne por la noche si se ha comido ya al mediodía

— hortalizas o féculas, según el plato principal del almuerzo, ya sea en sopa, o en ensalada, o en gratinados, picadillos y rellenos. Insista en las hortalizas, escasamente consumidas

— Pan
— Un postre

Por la noche, un plato único puede solucionar una cena ligera y equilibrada.

Ejemplo: huevos a la florentina (huevos duros + espinacas + salsa besamel) / pan / fruta.

EL INSUFICIENTE APORTE HÍDRICO

Nunca se repetirá lo bastante: es necesario beber un litro y medio de agua al día. Una ración hídrica inferior hace que los riñones sufran, que la piel se seque y las toxinas se acumulen. En síntesis, todo el organismo funciona peor.

Un litro y medio de agua equivale a 10 vasos grandes, que se pueden repartir de este modo durante la jornada:

2 vasos grandes por la mañana
2 vasos grandes a media mañana
1 vaso grande a mediodía
3 vasos grandes durante la tarde
1 vaso grande por la noche, durante la cena
1 vaso grande al ir a dormir

Beba agua regularmente, no importa dónde esté, sin esperar a sentir sed. Tenga un vaso siempre al alcance de la mano. En la mesa, ponga un vaso para cada comensal. Proponga a menudo beber agua a los niños y a las personas de edad particularmente sensibles a la deshidratación.

El agua es la única bebida sin calorías. Beber un litro y medio de gaseosa al día hidratará su organismo, pero le aportará 720 Kcal en forma de azúcares rápidos inútiles, y a la larga puede producir diabetes, caries y algún que otro kilo de más.

Lo mismo se puede decir de las bebidas alcohólicas: un litro y medio de vino de 11 ° tiene 930 Kcal, y la misma cantidad de cerveza, 650 Kcal.

1 g de alcohol = 7 Kcal, pero estas calorías no son aprovechables por el organismo, ya que no aportan ningún nutriente.

Por tanto, para no desequilibrar su alimentación con calorías inútiles (alcohol, azúcares), es conveniente beber un litro y medio AL DÍA, PERO DE AGUA. Reserve las bebidas azucaradas y el alcohol para los días de fiesta.

SUPRESIÓN DE UN GRUPO DE ALIMENTOS

Los consumidores suelen desechar algunos alimentos o grupos de alimentos en beneficio de otros productos que estiman, con razón o sin ella, "mejores para, la salud y para la línea". Estos alimentos rechazados son el pan, los cereales, las legumbres y, a veces, las materia grasas condimentadas.

En el equilibrio nutritivo, este comportamiento alimenticio se traduce en:

— un aumento de los lípidos de la ración, y más particularmente de los lípidos ricos en ácidos grasos saturados, porque se produce una compensación favorable a los fiambres, las carnes, los quesos y la repostería

— un descenso del consumo de azúcares lentos y de fibras, que conlleva un aumento de los azúcares rápidos (productos azucarados y frutas)

Este comportamiento es especialmente frecuente entre mujeres jóvenes que tienen una preocupación casi obsesiva por la línea.

Es necesario luchar contra tal actitud de rechazo hacia ciertos alimentos. No existen por un lado los "buenos alimentos" y por otro lado los "malos alimentos".

En lo que se refiere a la alimentación, todo es bueno, siempre que se coma de todo un poco, según las necesidades, y razonablemente.

ABUSO DE LOS PRODUCTOS SUSTITUTIVOS

Por productos sustitutivos entendemos los edulcorantes, los productos *light* y el aceite de parafina. Estos productos sustituyen, respectivamente, al azúcar y al aceite de condimento, sin aportar calorías, pero originando un sabor ficticio. En páginas anteriores se trató del tema de los edulcorantes; por tanto, no volveré sobre ello.

El aceite de parafina se compone de un 99% de vaselina emulsionada, aromatizada (estragón, avellana) y coloreada. De aceite sólo tiene el nombre: no contiene lípidos ni calorías, y tampoco aporta ácidos grasos esenciales ni vitaminas liposolubles, como los aceites vegetales.

El aceite de parafina no tiene lugar dentro de una alimentación equilibrada, sin problemas particulares. Un consumo regular, no sometido a la aprobación de un médico, puede originar problemas de absorción en el colon, problemas de tránsito intestinal y una excesiva irritación de las mucosas. Su uso en todos los aliños priva al organismo de las vitaminas y de los ácidos grasos que se hallan en los aceites vegetales comunes.

En caso de estreñimiento, empiece bebiendo un un litro y medio de agua al día; el primer vaso debe beberse en ayunas, por la mañana. Aumente el consumo de hortalizas crudas y de cereales, así como de panes ricos en fibra. Vaya al servicio todas las mañanas después de desayunar. Se puede recurrir al aceite de parafina una vez que se han agotado todas estas medidas, y siempre bajo supervisión médica.

CONCLUSIÓN

En esta primera parte teórica hemos analizado:

— los principios básicos de una alimentación equilibrada, y cómo se deben aplicar en la vida diaria

— los nuevos productos, tanto los ligeros como los rebajados, examinando, en cada caso, las ventajas e inconvenientes de su uso

— los errores de alimentación que conviene evitar por completo

Ahora, ayudado por estos consejos, no le queda más que calarse el gorro de cocinero y ajustarse el delantal, porque a continuación encontrará 250 suculentas recetas, especialmente elaboradas para usted.

Recetas

47

Preparaciones básicas

Preparaciones básicas

Caldo oscuro de ternera

Para 1 litro aprox.	314 Kcal	Prot.:	1 g
Preparación: 20 min.	1.312 Kj	Líp.:	30 g
Cocción: 5 h.		Glúc.:	10 g

2 kg de huesos de ternera
1/2 kg de morcillo
1 pata de ternera
2 zanahorias
2 cebollas
1 ramito de perejil
3 dientes de ajo
2 hojas de laurel
10 granos de pimienta
1 pizca de tomillo
1 pizca de orégano
1 pizca de romero
2 cucharadas de extracto de tomate
4 granos de coriandro
Sal

Se colocan los huesos en una plancha y se meten al horno, a la temperatura máxima (270 °C), hasta que se doren. Se reserva el jugo de la plancha. Se colocan los huesos en una cacerola con el jugo obtenido y se agregan el resto de los ingredientes. Se cubre con unos 4 litros de agua y se cuece durante 5 horas a fuego lento. De vez en cuando, se quita la espuma.

Se pasa por el pasapurés. Se pone de nuevo al fuego y se deja cociendo hasta que se reduzca un tercio del volumen. Se comprueba el condimento. Se mete en la nevera y se desgrasa al día siguiente.

También se puede usar caldo concentrado en polvo, al que simplemente se le agrega agua.

Caldo aromático de pescado

Para 75 cl aprox.	76 Kcal	Prot.:	4 g
Preparación: 15 min.	317 Kj	Líp.:	4 g
Cocción: 30 min.		Glúc.:	6 g

500 g de restos de pescado (rodaballo, lenguado)
1 cebolla
1 zanahoria
1 rama de tomillo
1 rama de clavo
1 tallo de apio
1 ramito de perejil
1 hoja de laurel
Granos de pimienta

En una cacerola antiadherente se rehoga el pescado con el aderezo aromático. Se agrega el equivalente una vez y media del contenido de agua. Se deja hervir durante 30 minutos a fuego lento y se pasa por el pasapurés.

Aderezo aromático

Preparación: 10 min.	0 Kcal	Prot.:	0 g
	0 Kj	Líp.:	0 g
		Glúc.:	0 g

2 hojas de laurel
1 zanahoria
1 cebolla
1 rama de clavo
1 ramito de perejil
1 tallo de apio
3 bayas de enebro
1 pizca de coriandro
Sal, pimienta en grano
1 blanco de puerro
2 l de agua

Se junta todo y se emplea según la receta.

Asimismo, se puede picar finamente la cebolla, la zanahoria, el apio y el puerro, y utilizar este condimento para colocarlo en el fondo de la olla a presión.

También se le pueden añadir unas gotas de aceites esenciales (de venta en farmacias).

Para preparar un caldo aromático, se agrega agua en cantidad suficiente y sal marina. Para un caldo de crustáceos, se añade una cucharadita de alcaravea o comino.

Preparaciones básicas

Falsa mahonesa

Para 15 cl aprox.	117 Kcal	Prot.: 7 g
Preparación: 15 min.	490 Kj	Líp.: 7 g
		Glúc.: 4,2 g

1 yema de huevo
1 cucharada sopera de mostaza
50 g de requesón, con 20% de materia grasa
Zumo de 1/2 limón
Sal, pimienta

Se mezclan todos los ingredientes.
Se pueden añadir hierbas aromáticas picadas o alcaparras.

Salsa de anchoas

Para 15 cl aprox.	226 Kcal	Prot.: 25 g
Preparación: 10 min.	945 Kj	Líp.: 10 g
		Glúc.: 9 g

4 filetes de anchoas saladas
1 cucharadita de mostaza
Zumo de 1/2 limón
1 yogur
1 diente de ajo
Pimienta

Se mezclan las anchoas y el ajo picados con el resto de los ingredientes.

Rica en sodio

Salsa de requesón ligero

Para 25 cl aprox.	106 Kcal	Prot.: 17 g
Preparación: 5 min.	445 Kj	Líp.: 1 g
		Glúc.: 7,4 g

200 g de requesón con 0% de materia grasa
2 cucharadas soperas de mostaza
Sal, pimienta
1 pizca de perejil y de cebolleta picadas

Se mezclan todos los ingredientes.

Preparaciones básicas

Salsa de pomelo

Para 15 cl aprox.	137 Kcal	Prot.: 9 g
Preparación: 10 min.	572 Kj	Líp.: 5,6 g
		Glúc.: 12,7 g

1/2 pomelo
1 cucharada sopera de yogur natural
2 cl de agua
Sal, pimienta
1 huevo duro picado

Se pela el pomelo (quitando la corteza blanca interior), se pasa por la batidora y luego por el pasapurés. Se añade el resto de los ingredientes y se mezcla todo.

Salsa grelette

Para 25 cl aprox.	170 Kcal	Prot.: 11,6 g
Preparación: 10 min.	710 Kj	Líp.: 3 g
		Glúc.: 24 g

4 tomates
100 g de requesón con 20% de materia grasa
4 chalotes
Zumo de 1 limón
Sal, pimienta

Se pelan los tomates y se les quitan las semillas. Después, se pasan por la batidora con el resto de los ingredientes.

Salsa de perejil

Para 1 dl aprox.	204 Kcal	Prot.: 0 g
Preparación: 5 min.	852 Kj	Líp.: 20 g
		Glúc.: 6 g

1 limón, 1 cebolla
2 cl de aceite
1 cl de vinagre
1 cucharada sopera de perejil picado
Sal, pimienta

Se pica la cebolla, se agrega el vinagre, el zumo de limón, los condimentos, el perejil y el aceite.

Preparaciones básicas

Salsa de crema

Para 2 dl aprox.	197 Kcal	Prot.: 17 g
Preparación: 5 min.	823 Kj	Líp.: 5 g
		Glúc.: 21 g

2 cucharadas soperas de nata ligera
4 cucharadas soperas de leche en polvo desnatada
1,5 dl de agua
Sal, pimienta

Se mezcla todo.

Salsa mousse

Para 15 cl aprox.	75 Kcal	Prot.: 8,3 g
Preparación: 10 min.	313 Kj	Líp.: 3 g
		Glúc.: 3,6 g

1 clara de huevo
1 petit- suisse
1 cucharada de mostaza
Zumo de 1/2 limón
1 pizca de perejil picado
Sal, pimienta
Pimiento picado molido

Se mezclan todos los ingredientes, incorporando al final la clara montada a punto de nieve.

Receta rica en proteínas

Salsa Volga

Para 1 dl aprox.	40 Kcal	Prot.: 5 g
Preparación: 5 min.	167 Kj	Líp.: 0 g
		Glúc.: 5 g

1 clara de huevo cocida
Zumo de 1 limón
1/2 diente de ajo picado
Sal, pimienta
1 pizca de perejil picado

Se bate todo.

Salsa pobre en lípidos

Preparaciones básicas

Vinagreta cero

Para 1/4 litro aprox.	42 Kcal	Prot.:	0,2 g
Preparación: 5 min.	175 Kj	Líp.:	0,1 g
		Glúc.:	10 g

1 dl de zumo de tomate
Zumo de 1 limón
1 cebolla picada

1 pizca de perejil picado
Sal, pimienta
1/2 cucharada sopera de mostaza

Se mezclan todos los ingredientes.   **Aporta vitamina C**

Vinagreta de tomate

Para 75 cl aprox.	586 Kcal	Prot.:	5 g
Preparación: 20 min.	2.450 Kj	Líp.:	20 g
		Glúc.:	22 g

500 g de tomates pelados y sin semillas
5 cl de aceite de oliva
3,5 cl de vinagre de jerez
5 cl de vino blanco tibio

1 hoja de gelatina
10 g de sal
5 g de pimienta

Se pone a remojo en agua fría la hoja de gelatina. Se escurre y se hace derretir durante 5 minutos en el microondas o al baño María.

Se juntan todos los ingredientes y se baten. Se pasan por el pasapurés y se embotella la salsa obtenida.

Salsa vinagreta

Para 1 dl aprox.	90 Kcal	Prot.:	0 g
Preparación: 5 min.	376 Kj	Líp.:	10 g
		Glúc.:	0 g

1 cucharada sopera de aceite de girasol
2 cucharadas soperas de vinagre o de zumo de limón
1 cucharada sopera de agua
Sal, pimienta
1 pizca de perejil picado

Se mezcla el vinagre, el condimento y el agua. Se añade el aceite y el perejil picado, y se bate todo bien

Preparaciones básicas

Salsa de tomate

Para 1/2 litro aprox.
Preparación: 20 min.
Cocción: 20 min.

260 Kcal
1.090 Kj

Prot.: 10 g
Líp.: 0 g
Glúc.: 55 g

800 g de tomates
4 dientes de ajo
1 ramito compuesto
1/4 dl de agua
Sal, pimienta
Azúcar
1 cucharada sopera de concentrado de tomate
1 cebolla picada

Se rehoga la cebolla en una cacerola antiadherente. Se agregan los tomates cortados, el ramito compuesto, el condimento y el agua. Se deja cocer durante 20 minutos a fuego lento.

Se retira el ramito compuesto y se bate lo demás. Se añade el concentrado de tomate.

Receta sin materias grasas

Picadillo de tomate

Para 500 g aprox.
Preparación: 10 min.
Cocción: 15 min.

224 Kcal
936 Kj

Prot.: 7 g
Líp.: 0 g
Glúc.: 49 g

600 g de tomates
4 dientes de ajo
Sal, pimienta
Azúcar
tomillo molido

Para pelar los tomates: se quita el pedúnculo, se hace una incisión a lo largo de cada uno, se sumergen unos instantes en agua hirviendo y después en agua helada. Se les quita la piel.

Se parten en dos, se quitan las semillas y se pican en trozos gruesos. Se ponen en una sartén de doble fondo, se agregan los dientes de ajo enteros y el condimento. Se deja cocer, vigilándolo.

Se retiran los dientes de ajo. Si es necesario, se rectifica el aderezo.

Ideal para regímenes sin materias grasas

Mantequilla batida

Para 100 g   Preparación: 5 min.
357 Kcal   1.492 Kj
Prot.: 41 g   Líp.: 21 g   Glúc.: 38

50 g de mantequilla ligera
50 g de harina

Se bate la mantequilla hasta que esté cremosa y se agrega la harina. Se mezcla.

Este preparado sirve para espesar las salsas y sustituye a la propia salsa.

Crema de espinacas

Para 6 personas   Preparación: 10 min.
Cocción: 5 min.
35 Kcal   146 Kj
Prot.: 3,6 g   Líp.: 0 g   Glúc.: 5 g

200 g de espinacas cocidas
1/2 litro de leche desnatada
Sal, pimienta
Nuez moscada

Se baten todos los ingredientes. Se calienta la mezcla a la vez que se remueve. Se mantiene caliente al baño María.

Preparaciones básicas 55

Salsa de pescado

Para 2 dl aprox.	76 Kcal	Prot.: 4 g
Preparación: 15 min.	317 Kj	Líp.: 4 g
Cocción: 10 min.		Glúc.: 6 g

1 dl de caldo aromático de pescado (p. 49)
1 dl de leche desnatada
10 g de mantequilla batida (p. 54)
Zumo de 1/2 limón
Sal, pimienta

Tras romper a hervir el caldo, se deja que cueza 5 minutos. Se vierte la leche y se deja cocer otros 5 minutos. Se espesa con la mantequilla y luego se pasa por el pasapurés.

Se sazona y se agrega el zumo de limón.

Salsa de naranja

Para 2 dl aprox.	43 Kcal	Prot.: 0,3 g
Preparación: 10 min.	180 Kj	Líp.: 0 g
Cocción: 5 min.		Glúc.: 10,5 g

Zumo de 1 naranja
1 cucharadita de maizena
1 dl de agua
Sal, pimienta
1 pizca de perejil picado

Se deshace la maizena en el agua y se lleva a ebullición, removiendo hasta que espese.

Ya fuera del fuego, se añade el zumo de naranja, la sal, la pimienta y el perejil.

Salsa Besamel

Para 3 dl aprox.	252 Kcal	Prot.: 14 g
Preparación: 10 min.	1.053 Kj	Líp.: 8,5 g
Cocción: 5 min.		Glúc.: 30 g

3 dl de leche desnatada
20 g de mantequilla ligera
20 g de harina
Sal, pimienta
Nuez moscada

Se mezcla la harina y la mantequilla derretida. Se deja cocer 1 minuto. Se vierte la leche hirviendo condimentada por encima. Se deja que siga cociendo a fuego lento durante 2 minutos más.

Preparaciones básicas

Masa quebrada

Para 500 g aprox.	1.775 Kcal	Prot.: 25 g
Preparación: 15 min.	7.419 Kj	Líp.: 103 g
Reposo: 1/2 min.		Glúc.: 187 g

250 g de harina integal
1 dl de aceite
1 pizca de sal
1,5 dl de agua

Se mezclan todos los ingredientes. Se amasa unos instantes hasta formar una pasta. Se deja reposar 1/2 hora al fresco antes de utilizarla.

Masa de tarta

Para 700 g aprox.	2.333 Kcal	Prot.: 52,6 g
Preparación: 15 min.	9.752 Kj	Líp.: 80,8 g
Reposo: 1 h.		Glúc.: 501,8 g

400 g de harina
180 g de mantaquilla ligera
50 g de fructosa
1 dl de agua

Se amasan todos los ingedientes, excepto el agua, con la yema de los dedos. Cuando la mezcla está arenosa, se agrega el agua y se termina la masa.

Se deja reposar 1 hora al fresco antes de utilizarla.

Masa para crêpes

Para 18 crêpes	77 Kcal	Prot.: 3,6 g
Preparación: 10 min.	322 Kj	Líp.: 1,6 g
Reposo: 1 h.		Glúc.: 72 g

250 g de harina integral
3 huevos
1/2 litro de leche desnatada
1 pizca de sal
2 cucharadas de una bebida alcohólica a elección, o unas gotas de esencia de flores
1 cucharada sopera de aceite para la cocción.

Se mezclan la harina, la sal, los huevos y el aroma elegido. Se agrega progresivamente la leche. Se pasa por el pasapurés. Se deja reposar 1 hora antes de usarla. Las crêpes se fríen en una sartén antiadherente ligeramente engrasada con un papel de cocina y un poco de aceite.

Para 18 crêpes de 20 cm de diámetro cada una.

Crema pastelera

Para 7 dl aprox. 650 Kcal   Prot.: 29 g
Preparación: 15 min. 2.720 Kj   Líp.: 17 g
Cocción: 10 min.   Glúc.: 95 g

1/2 litro de leche desnatada
3 yemas de huevo
40 g de harina
1 vaina de vainilla partida en dos, a lo largo
40 g de fructosa

Se echa la vainilla en la leche, se pone al fuego y se deja que hierva. Previamente, se han mezclado las yemas de huevo, la fructosa, la harina y un poco de leche fría. Se vierte todo en la leche hirviendo y se bate enérgicamente a fuego lento, sin esperar a que espese.

Se vuelca la crema en una ensaladera y se esparce un poco de fructosa sobre la superficie, para evitar que se forme una película.

Se deja enfriar en la nevera.

Blinis

Para 4 personas	Para una persona	Prot.: 10 g
Preparación: 25 min.	208 Kcal	Líp.: 4,5 g
Reposo: 30 min.	869 Kj	Glúc.: 32 g

150 g de harina integal
Sal, pimienta
Nuez moscada
10 g de levadura de panadero

3 dl de leche de soja o de leche desnatada
1 dl de clara de huevo
Margarina para la cocción.

Se mezclan todos los ingredientes, salvo la clara de huevo, y se hace una masa. Se deja reposar en un lugar tibio hasta que duplique su volumen. Se agregan las claras a punto de nieve.

A continuación se preparan tortitas un poco gruesas en una sartén pequeña. Después de hacer cada una de las tortas, se engrasa ligeramente la sartén con un poco de margarina.

Crêpes de trigo sarraceno

Para 14 crêpes aprox.	Para 1 crêpe	Prot.: 4 g
Preparación: 30 min.	87 Kcal	Líp.: 3 g
Cocción: 3 min. pieza	363 Kj	Glúc.: 11 g

150 g de harina de trigo sarraceno
50 g de harina blanca
3 huevos
45 cl de leche desnatada

1 pizca de sal
2 cucharadas soperas de aceite
Aceite para la cocción

En una ensaladera, se mezclan todos los ingredientes para hacer la masa. Se pasa por el pasapurés y se preparan las crêpes como de costumbre, untando ligeramente de aceite la sartén.

Para 14 crêpes de 20 cm. de diámetro cada una.

Preparaciones básicas

Bizcocho de almendras

Preparación: 20 min.	1.750 Kcal	Prot.: 55 g
Cocción: 40 min.	7.315 Kj	Líp.: 50 g
		Glúc.: 270 g

4 huevos
150 g de harina
50 g de polvo de almendras
1 pizca de levadura química
150 g de fructosa
Mantequilla y harina para el molde

Se ponen al baño María las yemas y la fructosa y se bate hasta que la mezcla quede espumosa. Se añade poco a poco la mezcla de harina, levadura y polvo de almendras, y luego las claras montadas a punto de nieve.

Se vuelca la masa en un molde de 20 cm de diámetro untado de mantequilla y harina. Se mete al horno a una temperatura aproximada de 210 °C.

Para comprobar que el bizcocho está hecho, se clava una varilla en la masa; si al retirarla sale seca, debe sacar el bizcocho del horno.

Se retira del molde y se deja enfriar.

Bizcocho de chocolate

Preparación: 20 min.	588 Kcal	Prot.: 30 g
Cocción: 30 min.	2.457 Kj	Líp.: 20 g
		Glúc.: 72 g

3 huevos
30 g de fructosa
40 g de harina de espelta
15 g de maizena
1 cucharada sopera de cacao amargo sin azúcar
Mantequilla y harina para el molde
1 pizca de levadura química

Se ponen al baño María los huevos y la fructosa, y se bate la mezcla hasta obtener una pasta cremosa. Se sigue batiendo hasta que se enfríe completamente.

Se mezcla y se tamiza la harina, la maizena, el cacao y la levadura. Se añade poco a poco esta mezcla a la pasta anterior.

Se vuelca en un molde de 20 cm de diámetro untado con mantequilla y enharinado, y se mete en el horno a 180 °C. Igual que en el caso anterior, para comprobar que el bizcocho está hecho, la varilla debe salir seca.

Se retira del molde y se deja enfriar.

Fabricación del pan

En torno al pan y a su fabricación se ha creado tal mito que pocas personas se atreven a emprender su elaboración. Pero, como se suele decir, el clima y el calor hacen un buen pan.

El pan se puede hacer en casa fácilmente. Para obtener la humedad necesaria, se coloca en la parte baja del horno una fuente especial de horno llena de agua. Cuando la cocción ha terminado, es importante dejar enfriar el pan sobre una rejilla; de esta manera, se permite que el aire circule libremente y se impide que el vapor ablande el pan.

Además de las numerosas ventajas que presenta un pan hecho en casa, está la satisfacción personal. El pan que uno mismo prepara es un fin en sí mismo. Por eso, comprobará con satisfacción lo grato que le resulta hacer su propio pan; adquiera esa costumbre. Para ello, emplee harina de trigo o harina integral y molida a la antigua.

En las recetas de pan no damos el tiempo de reposo exacto, ya que éste varía en función del clima, de la época de año o de la temperatura de la habitación.

Hogazas de pan

Para 2 panes	3.535 Kcal	Prot.: 100 g
Preparación: 30 min.	14.776 Kj	Líp.: 15 g
Cocción: 40 min.		Glúc.: 750 g
Reposo: 1 h.		

1 kg de harina
5,5 dl de agua tibia
20 g de sal
40 g de levadura de panadero

Se disuelve la levadura en el agua y se mezcla con la harina y la sal. Se amasa durante 20 minutos.

Se divide la pasta en dos y se hacen 2 bollos. Se colocan en moldes de tarta bastante altos, previamente engrasados, y se dejan en un lugar tibio, cubiertos con un trapo.

Cuando los panes hayan duplicado su volumen, se hace una incisión en cruz en la parte superior con un cuchillo bien afilado o con una navaja de afeitar. Se meten en el horno a una temperatura elevada, de 200 °C, durante 40 minutos. En el horno también se mete una fuente especial llena hasta la mitad de agua caliente, para que se produzca vapor durante la cocción de los panes. Cuando la corteza esté uniformemente dorada se sacan.

Inmediatamente, se retiran del molde y se dejan sobre una rejilla, hasta que se enfríen del todo.

Pan de nueces

Para 1 pan	1.944 Kcal	Prot.: 13 g
Preparación: 40 min.	18.125 Kj	Líp.: 40 g
Cocción: 1 h.		Glúc.: 383 g
Reposo: 2 h.		

500 g de harina
1/4 litro de agua
55 g de nueces no muy picadas
25 g de levadura de panadero

Se prepara una masa mezclando la mitad del agua, la levadura y 100 g de harina. Se deja en un lugar tibio a la espera de que duplique su volumen.

Se agrega el resto de la harina y del agua. Se amasa durante 15 minutos, aireando bien la masa.

A la masa ya hecha, se añaden las nueces, mezclando hasta hacer un bollo. Se deposita en un molde de tarta previamente engrasado, de tamaño apropiado, y se pone a fermentar en un lugar tibio.

Cuando el pan haya duplicado su volumen, se hacen unas incisiones en la superficie con un cuchillo o con unas tijeras.

Se mete en el horno a 200 °C

Al terminar la cocción, se retira el pan del molde y se pone en una rejilla hasta que se haya enfriado completamente.

Panes de campo

Para 2 panes	3.535 Kcal	Prot.: 100 g
Preparación: 30 min.	14.776 Kj	Líp.: 15 g
Cocción: 40 min.		Glúc.: 750 g
Reposo: 1 h.		

1 kg de harina para pan de campo *50 g de levadura de panadero*
5,5 dl de agua tibia *20 g de sal*

Se disuelve la levadura en el agua. Se añade la harina y la sal. Se trabaja esta masa durante unos veinte minutos, amasándola bien.

Se enharina la superficie donde se lleve a cabo el amasado. Se divide la masa en dos y se hacen 2 bollos. Se vierten en dos moldes de tarta aceitados y se colocan en un lugar tibio. Se cubren con un trapo y se dejan reposar hasta que dupliquen su volumen.

Se retira el trapo. Se traza en la superficie de los panes unas cruces con un cuchillo afilado. Se meten en el horno precalentado a 200 °C. Al fondo, en la parte baja del horno, se coloca una fuente medio llena de agua caliente para hacer vapor durante la cocción de los panes.

Al terminar la cocción, cuando la corteza esté bien crujiente, se retiran los panes. También se sacan de los moldes de inmediato, y se dejan sobre una rejilla hasta que terminen de enfriarse.

Pan de centeno

Para 1 pan	1.265 Kcal	Prot.: 40 g
Preparación: 20 min.	5.287 Kj	Líp.: 13 g
Cocción: 40 a 45 min.		Glúc.: 247 g
Reposo: 1 h.		

250 g de harina de centeno *40 g de levadura de panadero*
125 g de harina de trigo sarraceno *2,5 dl de agua*
10 g de sal *Aceite para la plancha*

Se mezclan las harinas.

Se mezcla el agua, la levadura y la sal, y se añade a las harinas para hacer la masa. Se amasa durante 10 minutos hasta obtener una pasta uniforme. Se envuelve en un paño enharinado y se deja hasta reposar hasta que duplique su volumen.

Se modela un pan alargado. Se coloca sobre una de las planchas del horno, ligeramente untada de aceite. Se hace una incisión en la superficie del pan con un cuchillo y se deja reposar 10 minutos. Pasado ese tiempo, se mete en el horno para que cueza a 200 °C.

Al finalizar la cocción, se coloca el pan sobre una rejilla hasta que se enfrie.

Pan de harina de castañas

Para 1 pan	1.146 Kcal	Prot.: 30 g
Preparación: 20 min.	4.790 Kj	Líp.: 7,4 g
Cocción: 40 a 45 min.		Glúc.: 240 g
Reposo: 1 h.		

125 g de harina de castañas
250 g de harina integral
3,5 dl de agua
50 g de levadura de panadero
10 g de sal

Se mezclan las harinas.

Se disuelve la levadura y la sal en el agua, y se vierte sobre la mezcla de harinas. Se remueve hasta obtener una pasta, y después amasamos durante 10 minutos.

Se hace un bollo y se deposita en un molde antiadhesivo. Se cubre con un paño y se deja que duplique su volumen.

Se hace una incisión en la superficie con un cuchillo y se mete al horno a una temperatura de 200 °C.

Al terminar la cocción, se retira y se coloca sobre una rejilla.

En general, no es necesario poner sal en la harina integral que se vende en los comercios. Fíjese en las indicaciones del paquete. Si la harina necesita sal, utilice 20 g de sal por kilo de harina.

Pan rico en fibras

Pan de maíz a la americana

Para 1 pan	1.146 Kcal	Prot.: 75 g
Preparación: 20 min.	4.790 Kj	Líp.: 45 g
Cocción: 40 a 45 min.		Glúc.: 305 g

250 g de sémola de maíz fina
125 g de harina de trigo candeal
5 g de azúcar
5 g de sal
70 g de mantequilla ligera
1 pizca de levadura en polvo
2 huevos
30 cl de leche desnatada

Se mezclan la harina, la sémola, la sal, el azúcar y la levadura. Se agrega la mantequilla derretida, la leche, las yemas de huevo y, al final, las claras montadas a punto de nieve.

Se vierte la preparación en un molde para tarta untado con mantequilla y enharinado. Se mete al horno a una temperatura de 200 °C.

Al terminar la cocción, se retira del molde y se coloca sobre una rejilla. Se sirve tibio.

No hay un "buen" alimento que por sí mismo cubra las necesidades del organismo. Tampoco existe ningún "mal" alimento que, consumido en cantidades razonables, perjudique nuestra salud.

Pan  65

Panes negros

Para 2 panes	4.354 Kcal	Prot.: 96 g
Preparación: 25 min.	18.200 Kj	Líp.: 138 g
Cocción: 1 h.		Glúc.: 682 g
Reposo: 1 h.		

300 g de harina de centeno
300 g de harina integral
80 g de levadura de panadero + 1 dl de agua
Ingredientes accesorios: 4 cucharadas soperas de miel
40 g de mantequilla
80 g de chocolate negro
150 g de harina de maíz
20 g de sal
100 g de nueces peladas
2 cucharadas soperas de alcaravea
6 dl de agua
Aceite para untar los moldes

Se mezclan todos los ingredientes accesorios y se ponen a fuego lento hasta que hiervan. Se deja enfriar.

Se mezclan las harinas. Se hace un hoyo en el centro. Se disuelve la levadura en el agua y se vierte en el centro de la mezcla de las harinas. Se deja que duplique su volumen.

Cuando la preparación anterior se enfría, se agrega a ésta y se mezcla. Se amasa durante 10 minutos, y con la pasta se hacen 2 bollos. Se depositan en moldes redondos previamente untados con aceite y se dejan reposar hasta que dupliquen su volumen.

Se hacen cortes en la superficie y se meten al horno a 200 °C.

Pan rico en minerales (magnesio, zinc, potasio) y fibras

Panecillos con leche

Para 10 panecillos	135 Kcal	Prot.: 5 g
Preparación: 1 h.	563 Kj	Líp.: 3,5 g
Cocción: 1/2 h.		Glúc.: 21 g
Reposo: 2 h.		

250 g de harina
5 g de sal 15 g de fructosa
10 g de levadura de panadero
1/4 litro de leche desnatada
50 g de mantequilla ligera
1 huevo
1 yema de huevo

Se mezclan la leche, el huevo, la sal, la fructosa y la mantequilla, y se deja en un lugar tibio durante 2 horas.

Agregar esta mezcla, con la levadura, a la harina. Se amasa, aireando la pasta hasta que se despegue de la superficie de trabajo. Se coloca en un recipiente adecuado y en un lugar tibio, y se deja hasta que duplique el volumen; entonces, se palmea la masa para que recupere su volumen inicial.

Se hacen pequeños panecillos de 50 g, se colocan en una bandeja de horno y se dejan fermentar en un lugar tibio para que dupliquen su volumen. Se untan con yema de huevo mezclada con un poco de agua. Se meten al horno a 210 °C.

Al finalizar la cocción se retiran, colocándolos en una rejilla hasta que se enfríen.

Desayunos

El desayuno debe ser copioso, equilibrado y variado. Debe aportar el 25% del total de las calorías del día.

LOS ELEMENTOS DEL DESAYUNO

– frutas frescas, o zumos de frutas o verduras; aportan vitaminas y sales minerales

– leche: aporta calcio y proteínas

– quesos o huevos o fiambre: aportan proteínas

– cereales: aportan proteínas y glúcidos lentos

– pan integral, pan tostado o galletas: para completar o reemplazar el aporte de glúcidos

– bebida caliente, té, café, infusión: para hidratar

El agua y las aguas

El agua es el primer alimento todos los seres

Michelet

El agua potable del grifo es un lujo que conoce sólo el 10% de la población mundial. Esto puede resultar extraño a las personas que viven en los países desarrollados, que consumen una media de 60 m³ de agua por habitante y año, es decir, 165 litros por día, de los cuales una ínfima parte se destina a beber.

El agua potable se somete a ciertas reglas: debe ser fresca y estar desprovista de olores y sabores desagradables; no debe ser calcárea, ni salada, ni sulfatada. El contenido en sales minerales no debe sobrepasar los 2 g/l.

El ozono, uno de los agentes oxigenantes más poderosos, se utiliza en la depuración del agua en casi todos los países occientales: mata las bacterias y los virus sin que quede rastro de sabor. Así, vemos que el agua del grifo es todo saludable.

Sin embargo, hay un número elevado de personas que dejan de lado el agua del grifo y prefieren consumir agua embotellada.

Las aguas minerales, como su propio nombre indica, contienen una proporción más o menos alta de sales minerales, y las sales pueden peturbar el equilibrio iónico del organismo. Estas aguas, por lo tanto, no son tan "ligeras" como la publicidad nos quiere hacer creer.

Las aguas bicarbonatadas y sódicas, ricas en sodio (sal), magnesio y potasio, deben inspirar aún más desconfianza. Tienen propiedades digestivas y son alcalinizantes. No se deben consumir regularmente sin consejo médico: son medicamentos.

Si usted está decidido a consumir solamente agua embotellada, es preferible que elija aguas débilmente mineralizadas, que no presenten ninguna contraindicación.

Desayunos

Dulce de naranja

2 personas
Preparación: 5 min.

152 Kcal
635 Kj

Prot.: 11 g
Líp.: 0 g
Glúc.: 27 g

1/2 litro de leche desnatada
1 yogur natural con
0% de materia grasa
Zumo de 1 naranja
La corteza de 1/2 naranja
Miel

Se mezclan todos los ingredientes y se sirve.

Ideal para cubrir las necesidades de calcio de la mañana

Capricho de leche

2 personas
Preparación: 5 min.

127 Kcal
530 Kj

Prot.: 8,8 g
Líp.: 0 g
Glúc.: 23 g

1/2 litro de leche desnatada
Zumo de 1/2 limón
Zumo de 1/2 naranja
Miel.

Se mezclan todos los ingredientes con la leche caliente o fría.

La miel, que se utiliza desde la más remota antigüedad, goza de todos las propiedades atribuidas a los productos naturales. Pero, atención: contiene un 77% de glúcidos.

Desayunos

Un buen café con leche

| 4 personas
Preparación: 5 min.
Cocción: 5 min.
Reposo: 20 min. | 94 Kcal
392 Kj | Prot.: 6,5 g
Líp.: 0 g
Glúc.: 17 g | 3/4 l de leche desnatada
40 g de café molido
Fructosa |

Se pone a hervir la leche y se agrega el polvo de café. Se detiene la cocción y se tapa la cacerola. Se deja reposar la infusión durante 20 minutos y luego se calienta a fuego muy lento. Se cuela. Se añade azúcar a gusto de cada uno.

Si le sobra un poco de café del desayuno, no lo tire. Viértalo en una cubitera de hielo y métalo en el congelador.
Los cubitos de café le darán sabor a un vaso de leche.

Un buen chocolate

| 4 personas
Preparación: 5 min.
Cocción: 15 min.
Reposo: 1 noche | 291 Kcal
1.216 Kj | Prot.: 19 g
Líp.: 15 g
Glúc.: 20 g | 3/4 l de leche desnatada
150 g de chocolate ligero (2 tabletas)
Fructosa |

La noche anterior se pone el chocolate a derretir al baño María, y cuando está derretido, se añade la leche hirviendo. Se bate para que quede bien mezclado y se deja reposar en un lugar fresco.

Al día siguiente, se calienta el chocolate al baño María. Se retira del fuego y se bate para hacerlo espumoso.

El chocolate aporta minerales (magnesio, hierro, potasio)

De las semillas de cacao se extrae, por torrefacción y triturado, la manteca de cacao y, luego, el polvo de cacao; mezclando azúcar con polvo de cacao, se obtiene el chocolate en polvo.

Desayunos

Té natural con frutas

Preparación: 20 min.
Cocción: 1 noche
Infusión: 3 a 4 min.

Para esta receta
616 Kcal
2.575 Kj

Prot.: 10 g
Líp.: 0,5 g
Glúc.: 143 g

2 manzanas (480 g)
1 plátano (200 g)
1 kiwi (150 g)
200 g de albaricoques
130 g de fresas

Se limpia la fruta, se corta en dados pequeños y se mete al horno, para que se seque a fuego muy lento (30 °C) durante una noche.

Al día siguiente, se licua toda la fruta, ya seca, y se cuela. Se conserva seca en una lata herméticamente cerrada.

Se toma un poco de polvo, se deposita en un trozo de gasa y se ata; se sumerge en agua hirviendo para hacer una infusión.

Se puede utilizar todo tipo de frutas. Nuestra receta se ha confeccionado siguiendo las cantidades indicadas en el encabezamiento.

También se pueden utilizar frutos secos adquiridos en los comercios.

Los líquidos no azucarados y no alcohólicos no engordan.
Si consigue prescindir del primer cigarrillo de la mañana, conseguirá también ingerir un desayuno más copioso.

Desayunos

Bircher-muesli

4 personas	303 Kcal	Prot.: 10 g
Preparación: 20 min.	1.266 Kj	Líp.: 7 g
Reposo: 1 noche		Glúc.: 50 g

150 g de copos de avena
1 yogur
60 g de uvas pasas
30 g de nueces peladas
2 dl de leche desnatada
1 cucharada sopera de miel
1 manzana

Se mezclan, la víspera, todos los ingredientes, excepto la manzana; se mete el preparado en un recipiente cerrado y se deja en un lugar fresco. Se puede añadir todo tipo de frutos secos, según el gusto de cada uno.

Al día siguiente, se agrega la manzana, pelada y rallada.

Pétalos de maíz con frutas

4 personas	384 Kcal	Prot.: 9 g
Preparación: 15 min.	1.605 Kj	Líp.: 8,5 g
		Glúc.: 68 g

200 g de corn-flakes
1 manzana
1 naranja
2 yogures
50 g de nueces
50 g de uvas pasas
Fructosa

Se pela la fruta y se corta en trocitos.
Se mezclan en una ensaladera todos los ingedientes.
Se sirve en tazones individuales. La cantidad y la temperatura irá en función de los gustos de cada uno.

Receta rica en calcio y fibras

Golosina matinal

2 personas	296 Kcal	Prot.: 12,5 g
Preparación: 5 min.	1.237 Kj	Líp.: 6 g
Reposo: 1 noche		Glúc.: 48 g

100 g de muesli
1 dl de leche desnatada
1 yogur natural
2 cucharadas de salvado de trigo
1 cucharada de nueces picadas
2 cucharadas de pasas

La víspera, se mezclan todos los ingredientes y se sirven en copas pequeñas. Se reserva al fresco.

También se pueden añadir frutos secos.

Copos de avena al chocolate

4 personas	212 Kcal	Prot.: 13 g
Preparación: 5 min.	886 Kj	Líp.: 2,3 g
Cocción: 5 min.		Glúc.: 35 g

1 litro de leche desnatada
100 g de copos de avena
2 a 3 cucharadas soperas de cacao amargo
2 cucharadas soperas de fructosa

Se hace hervir la leche con la fructosa y el cacao. Se agregan los copos de avena poco a poco. Se deja cocer durante cinco minutos, removiendo al mismo tiempo. Se sirve de inmediato.

Receta rica en magnesio

Yogur con salvado de trigo

1 persona	73 Kcal	Prot.: 5 g
Preparación: 2 min.	305 Kj	Líp.: 1 g
		Glúc.: 11 g

1 yogur natural
2 cucharaditas de salvado de trigo
Miel o fructosa (5 g)

Se mezcla el salvado de trigo, el yogur y la cantidad que se considere adecuada de miel o fructosa.

Rico en fibras

Hoy en día nuestra alimentación recurre con mucha frecuencia a los productos refinados. El resultado más inmediato de un consumo excesivo de estos productos es la aparición de problemas de tránsito intestinal debidos a la falta de fibras alimenticias. El salvado, es decir, la envoltura de los granos de cereal, rico en fósforo y vitamina B, puede desempeñar el papel de lastre que asegure el tránsito del bolo alimenticio.

El yogur ayuda a reforzar la resistencia natural del organismo. Previene la descalcificación.

Desayunos

Pastel de frutas

6 a 8 personas	406 Kcal	Prot.: 7 g
Preparación: 20 min.	1.697 Kj	Líp.: 30 g
Cocción: 45 min.		Glúc.: 27 g

1,5 dl de aceite
4 huevos
75 g de fructosa
125 g de harina integral
1 pizca de levadura en polvo
Agua de azahar
50 g de frutas confitadas
50 g de polvo de nuez
Mantequilla y harina para el molde

Se baten los huevos junto con la fructosa. Se agrega el aceite, la harina mezclada con la levadura y el polvo de nuez, el agua de azahar y, finalmente, las frutas confitadas.

Se vierte esta mezcla en un molde untado con mantequilla y enharinado, y se mete al horno a una temperatura de 210 °C. Para comprobar si la masa está cocida, se pincha con una varilla, que debe salir seca.

Se deja enfriar sobre una rejilla.

Pastel de sésamo

8 personas	260 Kcal	Prot.: 4 g
Preparación: 20 min.	1.086 Kj	Líp.: 8 g
Cocción: 1 h.		Glúc.: 43 g

120 g de granos de sésamo
100 g de harina integral
200 g de azúcar morena
100 g de nueces picadas
1 pizca de nuez moscada rallada
1 pizca de canela
2 dl de agua
2 dl de zumo de naranja
Unas gotas de agua de azahar
Mantequilla y harina para el molde

Se mezclan todos los ingredientes y se vierte la mezcla en un molde untado con mantequilla y enharinado.

Se mete en el horno a una temperatura de 200 °C. Para comprobar si la masa está hecha, se pincha con una varilla, que debe salir seca. Se retira del molde, se deposita en una rejilla y se deja enfriar.

Opcionalmente, se espolvorea con azúcar glas.

Trenza

Para 2 trenzas	Para 1 trenza	Prot.: 23 g
Preparación: 20 min.	1.822 Kcal	Líp.: 42 g
Cocción: 35 min.	7.616 Kj	Glúc.: 338 g

800 g de harina
150 g de mantequilla ligera
50 g de fructosa
10 g de sal
2 huevos
40 g de levadura
1/4 l de leche desnatada

Se prepara una masa con la levadura, un poco de harina y un poco de leche que se saca del total requerido. Se deja que doble su volumen en un lugar tibio.

Se pone la harina en una fuente grande. Se añade la masa que se ha preparado antes, la mantequilla, los huevos, la sal, la fructosa y la leche. Se amasa durante 15 minutos.

Se divide la masa en 6 partes iguales, a cada una de las cuales se le da forma alargada. Se preparan dos trenzas de tres brazos cada una.

Se depositan en una bandeja de horno engrasada, y se colocan en un lugar tibio. Se deja que dupliquen el volumen y se unta la superficie con yema de huevo diluida en agua. Inmediatamente, se meten al horno precalentado a 180 °C.

Se retiran en cuanto se termina la cocción y se colocan en una rejilla hasta que se enfrían del todo.

Antes de meter al horno las trenzas, se las puede espolvorear con sésamo o con amapola.

Desayunos

Compota de frutos secos

4 personas	175 Kcal	Prot.: 1,8 g
Preparación: 10 min.	732 Kj	Líp.: 0 g
Reposo: 3 h.		
Cocción 15 a 20 min.		Glúc.: 42 g

250 g de frutos secos (higos, dátiles, albaricoques, ciruelas pasas)
2 saquitos de té
1 hoja de laurel y clavo
1 rama de canela

Se pone el agua a hervir con el laurel, el clavo, la canela y el té. Se añaden las frutas. Se retira del fuego y se deja que se hinchen durante 3 horas.

Se quitan los saquitos de té y se pone a cocer de 15 a 20 minutos.

Receta rica en sales minerales

Compota de peras

6 personas	163 Kcal	Prot.: 0,7 g
Preparación: 15 min.	680 Kj	Líp.: 0 g
Cocción 15 min.		Glúc.: 40 g

1 kg de peras
100 g de fructosa
1/4 l de agua

Se pelan, se les quitan las pepitas y se cortan las peras en cuartos. Se ponen en una cacerola.

Se añade la fructosa y el agua. Se tapa la cacerola y se cuece hasta que las peras estén tiernas.

La misma receta sirve para numerosas frutas frescas. Hay que saber que algunas frutas, como las manzanas, sueltan más agua que otras. Por lo tanto, habrá que poner menos agua al principio y vigilar la cocción.

Las compotas, al contrario que las confituras, se deben consumir rápidamente, ya que están menos cocidas y son menos azucaradas.

Cóctel de frutas

4 personas	141 Kcal	Prot.: 1,3 g
Preparación: 15 min.	590 Kj	Líp.: 0 g
		Glúc.: 34 g

2 pomelos
2 naranjas
1 limón
2 melocotones
2 plátanos
2 peras
Fructosa (opcional)

Se exprimen los cítricos. Se pela la fruta y se pasa por la batidora. Se mezclan ambas preparaciones. Se sirve fresco.

Si no tiene batidora, inténtelo con licuadora y luego pase el zumo por el pasapurés, para eliminar los trozos grandes.

Receta rica en vitamina C

CONSERVACIÓN DE FRUTAS FRESCAS EN FRASCOS

Las frutas elegidas deben estar maduras, pero no excesivamente, deben presentar buen aspecto y ser de la mejor calidad. Su preparación exige el máximo cuidado.

Se colocan las frutas en frascos muy limpios hasta las 3/4 partes de su altura. Se cubren con un almíbar preparado de esta manera: se hace hervir 1 litro de agua con 50 g de fructosa, y después se deja enfriar. Con estas medidas se obtiene una cantidad de almíbar suficiente para dos frascos.

Se cierran los frascos. Es importante que la goma de la tapa sea nueva.

Se colocan los frascos en una cacerola grande. En el fondo de la cacerola, se pone una placa para elevar los frascos, que tienen que estar cerrados al máximo. Para evitar que los frascos se muevan, se puede poner un peso sobre ellos. Se cubren con agua y se pone a hervir la cacerola. Se cuece el tiempo necesario; las frutas pequeñas, como las ciruelas y las uvas, necesitan normalmente unos 15 o 20 minutos, mientras que las frutas más grandes, como las peras o los melocotones, exigirán unos 40 minutos.

Pasado el tiempo necesario para la cocción, se deja enfriar un poco y se sacan los frascos del agua. Se etiquetan y se guardan.

Entrantes

Los entrantes son platos fríos o calientes, cuya función originaria era la de estimular el apetito al principio de la comida.

Por definición, estas preparaciones se consideran fuera del menú, y deben ser poco consistentes y delicadas. Sin embargo, un práctica muy de moda en los restaurantes consiste en servir una gran variedad de entrantes; esta práctica se ha generalizado tanto que incluso se ha vuelto usual en nuestros domicilios.

De cualquier forma, siempre es aconsejable no sobrecargar el estómago al principio de la comida, a fin de poder apreciar lo que viene después.

Las costumbres modernas han convertido los entrantes más completos en platos principales. Tal es el caso de la mayoría de las siguientes recetas.

Caldo rosado con soja

4 personas	66 Kcal	Prot.: 2,3 g
Preparación: 15 min.	276 Kj	Líp.: 1 g
Cocción: 15 min.		Glúc.: 12 g

1 litro de agua
4 cubos de soja
1 remolacha roja cocida
50 g de fideos finos de harina integral

Se pone a hervir el agua con los cubos de soja. Se deja cociendo durante 5 minutos a fuego lento. Se agregan los fideos finos y se continúa la cocción durante 10 minutos. Se pela la remolacha y se corta en palitos finos. Se coloca en platos hondos y se vierte el caldo encima. Se sirve inmediatamente.

CONSEJOS

Para esta receta se puede utilizar un caldo de carne o de ave, o incluso leche de soja

Para que la sopa quede más cremosa, se añaden 2 ó 3 cucharadas soperas de nata ligera al retirar el caldo del fuego. Se espolvorea con unas hojitas de perifollo.

Crema de kokkoh con hortalizas

6 personas	153 Kcal	Prot.: 5 g
Preparación: 40 min.	640 Kj	Líp.: 1,5 g
Cocción: 30 min.		Glúc.: 30 g

2 zanahorias (250 g)
2 calabacines (180 g)
2 blancos de puerro (20 g)
3 patatas (300 g)
200 g de apio nabo
1 nuez de margarina
1/4 l de leche desnatada
100 g de harina de kokkoh
Sal y pimienta
Perifollo

Se cortan las hortalizas en dados pequeños, excepto las patatas, y se rehogan en la margarina. Se agrega 1 l y 1/2 de agua y se pone a cocer, sin tapar, durante 20 minutos. Se añaden las patatas cortadas en dados y se condimenta. Se deja cociendo hasta que las patatas estén a punto.

Se diluye la harina de kokkoh en 3,5 dl de agua. Se pasa la mezcla por el pasapurés, sobre la sopa. Se agrega la leche, se le da un hervor, se comprueba el condimento y se sirve en platos hondos. Se espolvorea la superficie con hojitas de perifollo.

Receta pobre en lípidos

Sopa de hojas de rabanitos

6 personas	183 Kcal	Prot.: 13 g
Preparación: 20 min.	765 Kj	Líp.: 7 g
Cocción: 1 h.		Glúc.: 17 g

180 g de hojas de rabanitos, es decir, como dos manojos
300 g de patatas
1,5 l de leche de soja
1 nuez de margarina
Sal, pimienta
2,5 cl de salsa de soja

Se lavan los manojos de hojas y se rehogan a fuego lento con la margarina. Se agregan la leche de soja y las patatas peladas y cortadas en trozos, y se deja cociendo a fuego lento. Se pasa por el pasapurés Se añade la salsa de soja. Se comprueba el condimento y luego se sirve en platos hondos.

Sopa rápida de tomate

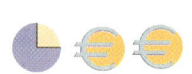

6 personas	63 Kcal	Prot.: 2 g
Preparación: 35 min.	263 Kj	Líp.: 0 g
Cocción: 5 min.		Glúc.: 11,5 g

1 kg de tomates
1/2 l de caldo de ave o de carne
Hojas de albahaca
1 dl de vino blanco
Sal, pimienta
1 pizca de azúcar
1 melón
1 cucharada sopera de concentrado de tomate

Se pasan por la batidora los tomates pelados y sin semillas, se agrega el caldo y el vino blanco y se salpimenta. Se deja cocer 5 minutos.

Se cortan bolitas de melón con una cucharilla y se depositan en los platos hondos. Se vierte la sopa, se espolvorea con hojas de albahaca finamente picadas y se sirve de inmediato.

Entrantes

Sopa de berros con mejillones

4 personas	293 Kcal	Prot.: 18,5 g
Preparación: 25 min.	1224 Kj	Líp.: 15 g
Cocción: 40 min.		Glúc.: 17,5 g

1 manojo de berros
1 kg de mejillones
2 patatas
1 cebolla
30 g de margarina
1 dl de vino blanco
2 chalotes
4 dl de caldo de ave
2 dl de nata ligera
Sal, pimienta

Cocemos los mejillones con el vino blanco y los chalotes picados. Filtramos el caldo.

Rehogamos la cebolla picada con la margarina. Añadimos los berros ya lavados al caldo de ave, al de los mejillones y a las patatas cortadas en cuadraditos. Mantenemos a fuego lento 40 minutos.

Se filtra el caldo y añadimos la nata.
Probamos de sal.

Distribuimos los mejillones (sin concha) en platos hondos. Servimos la sopa.

Sopa muy rica proteínas

Crema de mejillones al azafrán

4 personas	242 Kcal	Prot.: 13 g
Preparación: 25 min.	1.011 Kj	Líp.: 11 g
Cocción: 40 min.		Glúc.: 10 g

750 g de mejillones
3 dl de vino blanco
5 dl de caldo de pescado
2 chalotes
1 g de azafrán
Sal, pimienta
2 dl de nata ligera
35 g de mantequilla batida

Cocemos los mejillones a la marinera con los chalotes picados y el vino blanco. Recuperamos el jugo de cocción y lo añadimos al caldo de pescado. Vertemos también la mantequilla batida (véase p. 54). Comprobamos el aliño. Añadimos el azafrán y la nata. Tras el primer hervor, retiramos del fuego la crema.

Ponemos los mejillones sin concha en ella. Lo presentamos en platos hondos o en la sopera.

Este plato proporciona magnesio, cobre, zinc y yodo

Fiambre de conejo con legumbres

10 personas	260 Kcal
Preparación: 35 min.	1.086 Kj
Cocción: 3 h.	
Reposo: 12 h.	

Prot.: 23 g
Líp.: 13 g
Glúc.: 5,5 g

1 kg de carne de conejo
1/2 l de caldo
1/2 l de vino blanco
Sal, pimienta
Tomillo
Romero
2 hojas de laurel
Clavo
4 bayas de enebro
1 ramita de perejil
5 cl de aceite
250 g de macedonia de legumbres
7 hojas de gelatina

Doramos el conejo troceado en aceite caliente. Añadimos la grasa y el vino. Dejamos que se reduzca en un tercio, y luego añadimos el caldo, las hierbas aromáticas y el aliño. Tapamos y dejamos a fuego lento durante 3 horas.

Ponemos las hojas de gelatina en agua fría.

Deshuesamos el conejo, mezclando a continuación su carne con las legumbres cortadas.

Colocamos la mezcla en una fuente. Vertemos sobre ella el jugo de cocción restante (1/2 l), y al final la gelatina ya escurrida.

Lo mantenemos al fresco una noche.

Al día siguiente sacamos el preparado del molde. Se sirve en porciones acompañadas de hortalizas crudas.

Es muy importante conservar el jugo de la cocción para que el plato sea perfecto.

Proporciona las proteínas necesarias en una comida

Conserva de verduras

8 personas	147 Kcal	Prot.: 18 g
Preparación: 1 h.	614 Kj	Líp.: 5 g
Cocción: 45 min. a 1h.		Glúc.: 7,5 g

250 g de zanahorias
125 g de calabacines sin pelar
250 g de champiñones
5 cl de claras de huevo
100 g de nata ligera

600 g de pechuga de pollo
Sal, pimienta
Nuez moscada
Salsa de tomate (véase p. 54)
Perejil o perifollo

Cortamos todas las verduras en dados. Las cocemos por separado en abundante agua salada, excepto los champiñones, que se guisarán en una sartén hasta que suelten toda el agua. Dejamos enfriar las verduras.

Hacemos una pasta con la pechuga de pollo y las claras de huevo, la crema y el aliño. Añadimos todas las verduras. Mezclamos de nuevo. Vertemos la mezcla en un molde antiadhesivo. Comprimimos. Calentamos al baño María, recubriendo con papel de aluminio a fuego medio (180 °C). Introducimos una aguja, que debe salir seca y caliente, para ver si está listo. Lo dejamos enfriar.

Se extrae del molde, se corta en rebanadas y se presenta en una fuente. Se acompaña con salsa de tomate, y se decora con perejil o perifollo antes de servirla.

Es aconsejable elegir un plato pobre en proteínas para completar el menú

Entrantes

Ensalada de trigo germinado con arroz

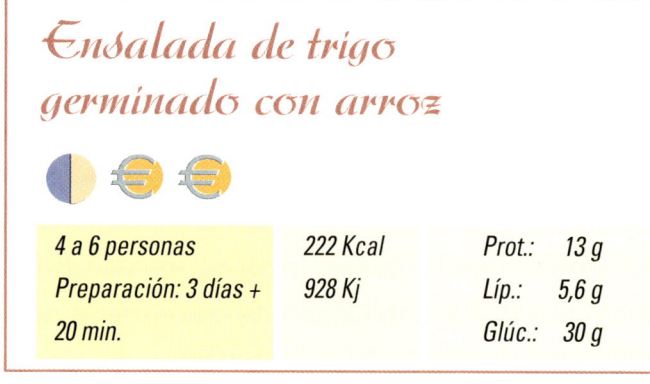

4 a 6 personas	222 Kcal	Prot.: 13 g
Preparación: 3 días + 20 min.	928 Kj	Líp.: 5,6 g
		Glúc.: 30 g

200 g de trigo para germinar
100 g de arroz integral cocido
15 cl de falsa mahonesa (véase p. 50)
2 cucharadas soperas de cebolleta picada
4 tomates
3 cucharadas soperas de mosto de pan
Hojas de menta cortadas
Ensalada a elección

El primer día, se lava el trigo con agua fría. Se deposita en un plato hondo grande y se cubre de agua pura. El segundo día, se vuelve a lavar y se coloca en un plato sin agua. El tercer día aparece un punto blanco: es el germen. En ese momento el trigo germinado está listo para ser consumido, crudo, al natural o en ensalada.

También se puede poner a remojo el trigo toda la noche y luego cocerlo con esa misma agua a fuego lento. Los granos deben estallar.

Otra forma de obtener el trigo germinado es poniéndolo a cocer 10 minutos a fuego lento y luego dejándolo que se hinche durante varias horas.

Se mezcla el trigo germinado, el arroz cocido, el condimento, la menta, la cebolleta, los tomates pelados y sin semillas, cortados en daditos, y el mosto de pan. Se coloca sobre unas hojas de verdura para ensalada.

A esta ensalada básica se le puede añadir un resto de pescado o de carne cocida. El mosto de pan se vende en tiendas especializadas en alimentación dietética.

Receta rica en minerales y vitaminas

Tabulé

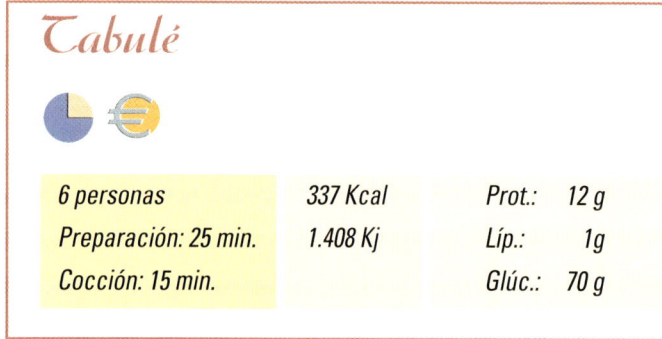

6 personas	337 Kcal	Prot.: 12 g
Preparación: 25 min.	1.408 Kj	Líp.: 1 g
Cocción: 15 min.		Glúc.: 70 g

500 g de sémola para cuscús
4 dl de agua
Sal, pimienta
3 tomates
1/2 pimiento rojo
1/2 pimiento verde
Hojas de menta
1 calabacín
2 zanahorias
Perejil

Se condimenta la sémola y se vierte sobre ella el agua hirviendo; se deja que se hinche. Se desgrana y luego se pone a cocer en la olla a presión. Se retira al terminar la cocción y se deja enfriar.

Se agregan los tomates pelados, sin semillas y cortados en daditos, los pimientos, las zanahorias y el calabacín cortados en dados, y también la menta picada. Se dispone todo en una ensaladera. Se decora con perejil y menta.

El aporte de lípidos es débil, pero el conjunto tiene demasiadas calorías como para ser una entrada. Como plato principal se puede servir una verdura

FUNCIÓN ALIMENTICIA DE LOS CEREALES

Los cereales son aquellas plantas pertenecientes a la familia de las gramíneas cuyos granos, enteros o reducidos a harina, sirven de alimento tanto a los animales como a los seres humanos.

Estos granos son ricos en almidón y, por tanto, en glúcidos de absorción lenta. También aportan proteínas, vitaminas, sales minerales y oligoelementos.

En España se cultivan principalmente los siguientes cereales: trigo, cebada, arroz, avena, centeno, maíz y trigo sarraceno. Este último, aunque no es de la misma familia, también se considera cereal. A menudo recibe el nombre de "trigo negro".

Las técnicas de transformación de los cereales son cada vez más elaboradas y permiten obtener productos refinados. Pero, tras el tratamiento industrial, el producto obtenido ya no ofrece el mismo valor nutritivo que el grano entero. De ahí la importancia de utilizar harinas menos refinadas, como las harinas integrales.

A principios de siglo, los cereales sumaban el 80% del aporte calórico total de la jornada; hoy en día el porcentaje ha disminuido considerablemente en las dietas de los países desarrollados, hasta tal punto que los productos que contienen cereales sólo aportan el 20% del total de calorías. La disminución de la presencia de cereales en la alimentación deja sentir sus consecuencias en nuestro equilibrio. Los especialistas en nutrición han empezado a dar la voz de alarma; advierten de la necesidad de volver a equilibrar nuestra alimentación, disminuyendo los lípidos y consumiendo más productos que contengan cereales.

Los cereales tienen una función de saciedad importante; son una fuente de energía capital para el desarrollo de los esfuerzos musculares y deportivos. Por otra parte, las proteínas que aportan son, asociadas a las leguminosas, de excelente calidad biológica.

A considerar también su aporte en minerales (especialmente hierro), vitaminas (las del grupo B) y fibras.

COMPOSICIÓN MEDIA POR CADA 100 G DE GRANOS DE CEREALES ENTEROS

	trigo	cebada	avena	centeno	arroz	maíz	sarraceno
Kcal	334	332	335	319	292	356	330
Prótidos	8	11	12	12,3	8,3	9,8	11,9
Lípidos	2,2	2	4,7	1,7	1	4,3	2,4
Glúcidos	69	73,7	70,8	74	69,6	73	74,6

Ensalada japonesa

4 personas	Preparación: 25 min.
176 Kcal	735 Kj
Prot.: 20 g	Líp.: 6 g Glúc.: 9 g

1 o 2 colas de langosta cocidas (según el grosor)
1 lechuga
400 g de brotes de soja fresca germinada
15 cl de falsa mahonesa (p. 50)
2 cucharadas soperas de ketchup
Tabasco
1 cucharada sopera de coñac
2 huevos duros
Perifollo

Se pelan las colas de langosta y se cortan como medallones.
Se lava la lechuga y se corta. Se reparte en ensaladeras individuales. Se agrega la soja y los medallones de langosta.
Se mezcla la falsa mahonesa con el ketchup, el coñac y unas gotas de tabasco. Se cubren los medallones con esta preparación. Se espolvorea con hojitas de perifollo y huevos duros picados.
Se sirve bien fría.

Las colas de langosta se pueden sustituir por gambas peladas.

Muy rica en proteínas

Entrantes

Ensalada de cangrejos

4 personas	Preparación: 20 min.
Cocción: 5 min. + 2 min.	
159 Kcal	664 Kj
Prot.: 19 g	Líp.: 3 g Glúc.: 14 g

40 cangrejos
1 caldo aromático (p. 49)
4 calabacines medianos
4 tomates medianos duros
Hojas de albahaca
Salsa de perejil (p. 51)
Perejil rizado en rama
1 limón

Se abren los calabacines en canal y se cuecen al vapor, enteros durante 5 minutos.

Los tomates se pelan, se les quitan las semillas y se cortan en daditos. Se incorporan a la salsa de perejil junto con las hojas de albahaca picadas.

Se cuecen los cangrejos, separando las cabezas de las colas, en el caldo. Se escurren y se les quita la cáscara. Se reservan algunos enteros.

Se cortan los calabacines en rodajas, se disponen en platos individuales, en círculos, unos encima de otros. En medio se ponen los cangrejos. Se sazonan con la salsa. Se decora con los cangrejos enteros, unas rodajas de limón, perejil y hojas de albahaca que se habrán reservado.

Para una presentación de fiesta, se pelan los cangrejos dejando las cabezas.

Ensalada de filete de lubina

4 personas	392 Kcal	Prot.: 34 g
Preparación: 20 min.	1.638 Kj	Líp.: 24 g
Cocción: 5 min.		Glúc.: 10 g

1 lubina en filetes
Sal, pimienta
100 g de ensalada mixta
100 g de judías verdes cocidas
2 corazones de alcachofas cocidos
Salsa de anchoas (p. 50)
1 cucharada sopera de aceite
1 tomate
1 limón

Se corta la lubina en filetes (como un salmón) y se sazonan las rodajas. Se colocan en una placa de horno aceitada. Se cuecen bajo la parrilla del horno precalentado.

Se lavan las verduras. Se escurren y se condimentan con la salsa. Se agregan las judías verdes y los corazones de alcachofas cortados.

Se reparte en los platos. Se añaden las rodajas de lubina. Se decora con rodajas de limón y de tomate.

Esta receta puede considerarse como un plato principal

Ensalada de azukis y algas

4 personas	272 Kcal	Prot.: 12,5 g
Remojo: 12 h.	1.137 Kj	Líp.: 6 g
Preparación: 20 min.		Glúc.: 42 g
Cocción: 2 h.		

250 g de azukis
2 cebollas
1 zanahoria,
1 hoja de laurel
Clavo
Sal
Aliño para ensalada (p. 53)
1 puñado de alga iziki cocida
1 cucharada sopera de perejil picado

La víspera se ponen los azukis a remojo en agua fría.

Al día siguiente, se escurren y se ponen en una cacerola con dos veces y media su volumen de agua. Se agrega la zanahoria, el laurel, el clavo y una cebolla. Se deja cociendo, tapado, a fuego muy lento. Se sala a la mitad de la cocción. Se deja enfriar.

Se agrega el alga iziki cocida, el perejil picado y el aliño para ensalada. Se coloca en una ensaladera y se sirve.

Para conseguir un colorido armónico, se pueden mezclar los azukis con granos de maíz.

Ensalada de mejillones

4 personas
Preparación: 35 min.
Cocción: 10 a 15 min.

401 Kcal
1.676 Kj

Prot.: 17,5 g
Líp.: 3,5 g
Glúc.: 20 g

2 kg de mejillones
1/2 l de vino blanco
Pimienta
5 chalotes picados
1 corazón de lechuga
1 lata de palmitos
Eneldo
4 puñados de brotes de alfalfa
Salsa mousse (p. 52)
2 tomates
1 limón

Se cuecen los mejillones limpios con el vino blanco y 3 chalotes picados.

Cuando estén ya cocidos, se les quita la concha. Se añaden los dos chalotes restantes, el aliño para ensalada y los palmitos cortados en rodajas.

Se reparte la lechuga cortada en los platos. Se añaden los mejillones y la alfalfa. Se decora con rodajas de limón y tomates en trozos.

El jugo que han soltado los mejillones al cocer se puede congelar, así servirá de caldo de cocción para un futuro plato de pescado.

Es un plato principal

Entrantes

Ensalada de molleja de ternera

6 personas	86 Kcal	Prot.: 12 g
Preparación: 20 min.	360 Kj	Líp.: 2 g
Cocción: 8 min.		Glúc.: 5 g

2 centros de molleja de ternera
3 cucharadas de ensalada mixta
Sal, pimienta
4 tomates
2 endivias
Salsa de requesón (p. 50)
Cebolleta

Se ponen las mollejas de ternera en un recipiente con agua fría y se deja al fuego hasta que hierva durante 5 minutos. Se refresca y se pelan las mollejas. Se cortan en filetes y se doran en la sartén antiadherente. Se sazonan y se mantienen calientes.

Se lava la ensalada, se escurre y se sazona con el aliño elegido. Se dispone en el centro de cada plato, se rodea de trozos de tomate y de hojas de endivia. Se colocan encima las mollejas de ternera y se espolvorean con cebolleta picada.

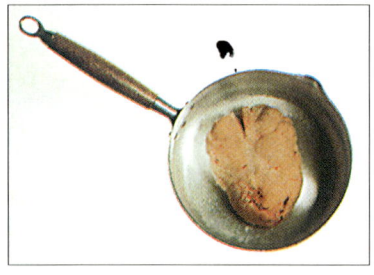

Se sumergen las mollejas de ternera en una sartén con agua fría.

Se refrescan y se preparan.

Se cortan en filetes.

Ensalada de níscalos

4 personas	465 Kcal	Prot.: 5,6 g
Preparación: 20 min.	271 Kj	Líp.: 0 g
Cocción: 3 a 4 min.		Glúc.: 10,5 g

600 g de níscalos
Vinagreta cero (p. 53)
1 manojito de cebolleta
2 tomates
1 manojo de brotes de alfalfa

Se limpian y se lavan los níscalos, se cuecen al vapor 3 a 4 minutos, para mantenerlos crujientes.

Se pelan y se cortan los tomates en daditos.

Se disponen los níscalos en los platos y se sazonan. Se añaden los dados de tomate. Se espolvorea con cebolleta picada. Se colocan pequeños montoncitos de alfalfa alrededor. Se sirve de inmediato.

Receta pobre en lípidos

Tsatsiki

4 personas	31 Kcal	Prot.: 5 g
Preparación: 15 min.	401 Kj	Líp.: 0 g
Cocción: 1 h.		Glúc.: 2,6 g

250 g de requesón con 0% de materia grasa
2 dientes de ajo picados
1/2 pepino
Hojas de menta
Sal, pimienta

Se pela el pepino y se le quitan las pepitas. Se corta en rodajas finas. Se sala y se deja que suelte el sabor amargo durante una hora.

Se escurre y se mezcla con el requesón, el ajo, la menta picada y el condimento. Se sirve muy fresco.

Receta ligera y pobre en lípidos

Ensalada refinada

4 personas	154 Kcal	Prot.: 21 g
Preparación: 90 min.	643 Kj	Líp.: 4,5 g
Cocción: 10 min.		Glúc.: 5,6 g

2 pichones
16 cangrejos de río
150 g de ensalada mixta
Salsa mousse (p. 52)
100 g de judías verdes cocidas
100 g de champiñones cocidos
1 cucharada sopera de aceite
5 cl de vino blanco
Sal, pimienta

En una sartén antiadherente, con muy poco aceite, se doran los pichones sazonados; a continuación se meten al horno, precalentado durante 10 minutos a una temperatura de 240 °C.

Se sacan y se dejan enfriar. Se cortan en cuartos y se les quita la mayor cantidad posible de huesos.

Se colocan los huesos en una cacerola con el vino blanco y 3 dl de agua. Se pone a cocer a fuego rápido, para que se reduzca a 2/3, y luego se pasa por el pasapurés. Se cuecen los cangrejos en este caldo durante 2 minutos; y luego se pelan las colas, dejando la cabeza unida al cuerpo.

Se sazona la ensalada, y se añaden las judías verdes y los quebradaiñones. Se calientan los cuartos de paloma en la boca del horno, cubiertos con un papel de aluminio.

Se dispone la ensalada en platos grandes. Se reparten todos los componentes y se baña el borde de los platos con el jugo hirviendo.

Las palomas se deben cocinar hasta que tomen un ligero color rosado. Se las puede sustituir por codornices o pollitos. En ese caso, se guisan completamente.

Esta entrada constituirá el plato principal.

Entrantes 95

Escarcelas de crêpes con gambas

4 personas	295 Kcal	Prot.: 46,5 g
Preparación: 90 min.	1.233 Kj	Líp.: 5,5 g
Cocción: 30 min.		Glúc.: 15 g

600 g de gambas
1 cebolla
1 zanahoria
1 hoja de laurel
1 rama de perejil
1 l de caldo aromático de pescado (p. 49) o de agua
1 cucharada sopera de concentrado de tomate
200 g de tomates
30 g de mantequilla batida (véase página 54)
1 dl de leche desnatada
Sal, pimienta
200 g de menestra de verduras cocidas (p. 179)
4 crêpes (p. 58)
Cebolleta
Eneldo para decorar
2 dl de caldo aromático de pescado para la cocción de las gambas

Se rehogan los caparazones en una cacerola, junto con el aderezo aromático. Se agrega el caldo de pescado o el agua, los tomates cortados en trozos y el tomate concentrado. Se cuece una media hora.

Se pasa todo por la batidora y se pone de nuevo al fuego. Se espesa con la mantequilla batida y se agrega la leche. Si es necesario, se rectifican los condimentos. Se mantiene la salsa caliente al baño María.

Se sumergen las gambas en un poco de caldo aromático, sobre el fuego. Se detiene la cocción en cuanto empieza a hervir. Se calienta la menestra de verduras.

Para servir, se coloca una crêpe por plato. Se dispone un poco de menestra en el centro, y dos gambas a un lado. Se cierra la crêpe como si fuera una escarcela, atándola con una ramita de cebolleta.

Se rodea de salsa, se reparten las gambas restantes alrededor, se decora con eneldo y se sirve.

Entrantes

Raviolis con salsa de amapola

6 personas	190 Kcal	Prot.: 1 g
Preparación: 15 min.	794 Kj	Líp.: 5 g
Cocción: 15 min.		Glúc.: 33 g

6 docenas de raviolis
1/2 litro de caldo oscuro de ternera (véase p. 49)
40 g de semillas de amapola
6 cucharadas soperas de picadillo de tomate (véase p. 54).

Se cuecen los raviolis en abundante agua salada, se escurren y se sazonan, maniobrando con cuidado para no romperlos.

Se pone el caldo oscuro a hervir. Se incorporan las semillas de amapola y se deja cociendo 5 minutos.

Se pone un poco del picadillo de tomate en el centro de cada plato, y se colocan los raviolis alrededor. Se baña con la salsa de amapola. Se sirve con un poco de queso rallado aparte.

Acompañe esta entrada con un plato de verduras

Ancas de rana con azafrán

6 personas
Preparación: 30 min.
Cocción: 4 min.

136 Kcal
568 Kj

Prot.: 15,5 g
Líp.: 6 g
Glúc.: 5 g

1 caldo aromático (p. 49)
1/4 l de leche desnatada
35 g de mantequilla batida (véase p. 54)
1 kg de ancas de rana
Sal, pimienta
Nuez moscada
Azafrán
4 dientes de ajo picados
Perifollo

Se prepara un caldo aromático y se pasa por el pasapurés. Se sumergen en él las ancas de rana, se dejan hervir 4 minutos y se reservan.

Se recupera 1/4 l de caldo. Se agrega la leche, el azafrán y el ajo, y se espesa con la mantequilla batida. Se sazona.

Se sirven las ancas de rana en los platos y se bañan con la salsa. Se decora con unas hojas de perifollo.

Entrantes

Muselina de ancas de rana

6 personas
Preparación: 90 min.
Cocción: 25 min.

224 Kcal
936 Kj

Prot.: 26 g
Líp.: 10 g
Glúc.: 7,5 g

1 kg de ancas de rana
Filete de lucio de 250 g
1 dl de clara de huevo
3 dl de nata ligera
Sal, pimienta
6 florones de hojaldre
Menestra de verduras (véase p.179)
Cebolleta

Salsa muselina:

1 zanahoria
1 cebolla
1 hoja de laurel
Clavo
1 pizca de perejil
1 rama de apio
1/4 l de leche desnatada
10 g de mantequilla batida (véase p. 54)

Se deshuesan las ancas de rana y se reserva la tercera parte. El resto se pasa por la batidora, junto con la carne de lucio y el condimento. Se agrega la clara de huevo y luego la nata, hasta que la mezcla sea homogénea.

Una vez sazonada, se saltea la carne de rana reservada en una sartén antiadherente durante 1 minuto. Se escurre y se deja enfriar. Se mezcla con el picadillo anterior.

Se untan de mantequilla 6 moldecillos y se llenan con el picadillo. Se ponen en un recipiente al baño María y se meten en el horno, a 210 °C.

Se retiran del molde las muselinas y se colocan sobre un montoncito de menestra de verduras, en el centro de los platos. Se rodea con la salsa y se decora con un florón de hojaldre y cebolleta.

Salsa: Se pone a hervir 1 dl de agua con los huesos de las ranas y el aderezo aromático. Se deja que se reduzca a la mitad. Se cuela.

Se agrega la leche y se espesa la salsa con la mantequilla batida. Se prueba de sal y se vuelve a pasar por el pasapurés.

¡Atención! Estamos ante un aporte proteico importante. Sirve como plato principal

Pastel de cebollas a la florentina

6 personas	147 Kcal	Prot.: 8 g
Preparación: 45 min.	614 Kj	Líp.: 3 g
Cocción: 35 min.		Glúc.: 22 g

300 g de hojas de espinacas frescas
1 kg de cebollas
1 nuez de margarina
200 g de champiñones
Sal, pimienta
Tomillo
2 huevos
1 dl de leche desnatada

Se sancochan las espinacas una vez lavadas. Se escurren y se tapiza con ellas un molde de tarta de fondo móvil. Se reservan unas hojas para la parte superior.

Se cortan las cebollas en rodajas finas y se cuecen en la margarina, removiendo a menudo hasta que estén transparentes.

Se lavan y se cortan los champiñones. Se cuecen con un poco de margarina para quitarles el agua que sueltan. Se agregan a las cebollas, así como la leche, los huevos batidos y el condimento. Se vierte todo sobre la tarta, se cubre con hojas de espinaca y se mete al horno a 180 °C.

Para servir, se corta en porciones. Se coloca en los platos y se sirve con salsa de tomate (p. 54).

Pastel de zanahorias a la antigua

6 personas	100 Kcal	Prot.: 6 g
Preparación: 40 min.	418 Kj	Líp.: 4 g
Cocción: 40 min.		Glúc.: 10 g

6 hojas de repollo verde
500 g de zanahorias
2 huevos
40 g de gruyer rallado
Sal, pimienta
Nuez moscada
Comino molido
1 cucharada sopera de hierbas frescas picadas (perejil, perifollo, cebolleta)
Salsa de tomate (p. 54)

Se sancochan las hojas de repollo durante 5 minutos. Se refrescan y se escurren. Se tapiza con ellas un molde de tarta, preferiblemente de fondo móvil, dejando que sobresalgan bastante del borde, para poder luego cubrir con ellas la superficie del pastel.

Se cuecen las zanahorias al vapor y se pican en grandes trozos. Se añaden los huevos batidos, el queso, el condimento y las hierbas. Se vuelca dentro de la tarta, se cubre con las hojas de repollo y se mete al horno, a 180 °C durante 30 minutos.

Se retira del molde, se corta en porciones y se sirve en los platos, rodeada de salsa de tomate.

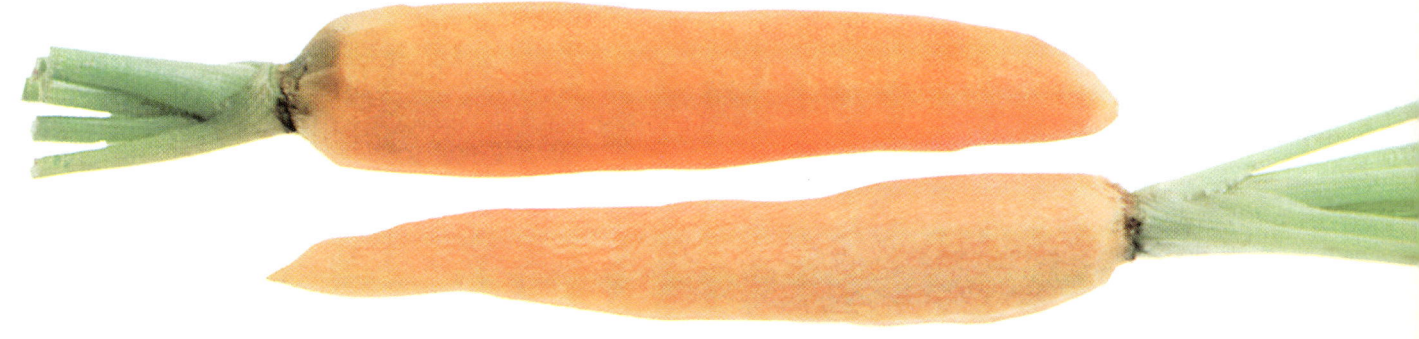

Entrantes

Pastel de soja

6 personas	150 Kcal	Prot.: 12 g
Preparación: 30 min.	627 Kj	Líp.: 6 g
Cocción: 30 min.		Glúc.: 12 g

200 g de champiñones cocidos
1 cebolla picada
3 cucharadas soperas de aceite
Sal, pimienta
Nuez moscada
Tomillo
1 cucharada sopera de estragón, de cebolleta y de perifollo picados
125 g de harina de soja
1 huevo
2 cucharadas soperas de sésamo

Se pican los champiñones y se agregan todos los ingredientes, salvo el sésamo. Se mezcla bien. Se extiende el preparado dentro de un molde de tarta de 14 cm de largo, untado con mantequilla y enharinado. Se espolvorea la superficie con las semillas de sésamo y se mete al horno a 210 °C.

Para comprobar si el pastel está cocido, se pincha con una varilla, que debe salir seca. Se retira del molde y se pone en una rejilla. Se consume tibio.

Para esta receta se pueden utilizar todo tipo de setas comestibles. Cuanto más variada sea la mezcla, mejor será el resultado. La elección depende en gran parte del precio de las setas.

Sartenada de caracoles con níscalos

4 personas	165 Kcal	Prot.: 21 g
Preparación: 30 min.	689 Kj	Líp.: 5 g
Cocción: 8 min.		Glúc.: 9 g

1/4 l de besamel (p. 55)
4 docenas de caracoles
100 g de níscalos
5 dientes de ajo
Sal, pimienta

3 cucharadas soperas de perejil
y de perifollo picados
200 g de tomates
2 chalotes
1 cucharada sopera de aceite

Se pelan los tomates, se les quitan las semillas y se cortan en dados. Se rehogan los chalotes picados en el aceite. Se agregan los caracoles. Se cuecen unos instantes y se añaden los níscalos limpios y cortados en cuatro, la besamel, el ajo picado, las hierbas y los dados de tomate. Probamos de sal.

Se colocan en sartenes individuales o en platos pequeños. Se sirve de inmediato, espolvoreado con perejil picado.

Esta entrada puede constituir el plato principal de la comida

Quiche florentina con ancas de rana y caracoles

8 personas	147 Kcal	Prot.: 9,5 g
Preparación: 25 min.	624 Kj	Líp.: 5,4 g
Cocción: 30 min.		Glúc.: 15 g

200 g de masa quebrada (véase p. 56)
400 g de picadillo de tomate (p. 54)
200 g de hojas de espinaca cocidas
100 g de caracoles
500 g de ancas de rana

Sal, pimienta molida
Perifollo
3 dientes de ajo picados
1 cucharada sopera de perejil
picado

Se estira la masa y se cubre con ella un molde de tarta. Se cuece durante unos 20 minutos a 180 °C.

Se deshuesan las ancas de rana y se rehogan, junto con los caracoles, en una sartén antiadherente. Se agrega el picadillo de tomate, el ajo y el perejil.

Se reparten las espinacas por el fondo de la tarta ya fría, y se añaden las ancas de rana y los caracoles. Se espolvorea por encima con hojitas de perifollo y se sirve de inmediato.

Tarta de caracoles flameada

8 personas (3 tartas)	295 Kcal
Preparación: 35 min.	1.233 Kj
Cocción: 8 a 10 min.	Prot.: 28 g
	Líp.: 1,7 g
	Glúc.: 42 g

500 g de masa para pan (véase p. 62)
3 docenas de caracoles
2 cebollas
4 dl de requesón con 0% de materia grasa
6 dientes de ajo
Perejil
Sal, pimienta molida

Se afina lo más posible la masa y se coloca en una placa de horno. Se cubre la superficie con requesón, se espolvorea con cebollas picadas y se reparten los caracoles y el ajo picado. Se sazona. Se mete al horno, caliente a 250 °C, hasta que la masa esté crujiente.

Se espolvorea la superficie con perejil picado y se sirve de inmediato.

En esta receta, si se utiliza un requesón con 20% de materia grasa se obtendrá un resultado mejor.

Acompañada de una ensalada verde, esta entrada constituye una cena completa

Quiche de puerros

8 a 10 personas
Preparación: 30 min.
Cocción: 50 min.

260 Kcal
1.086 Kj

Prot.: 9,5 g
Líp.: 14 g
Glúc.: 24 g

400 g de masa quebrada (véase p. 56)
450 g de blancos de puerro
100 g de pechuga ahumada
500 g de picadillo de tomate
80 g de gruyer rallado
1,5 dl de leche desnatada
Sal, pimienta
Nuez moscada
2 huevos

Se lavan y se cortan los puerros en lonchas finas. Se rehogan, sin dejar que se doren, en una sartén antiadherente.

Se estira la masa y se forra con ella un molde de tarta. Se pincha el fondo con un tenedor. Se reparte el picadillo de puerros y se agrega la pechuga ahumada cortada en trocitos y el picadillo de tomate.

Se baten los huevos. Se añade la leche y se sazona. Se vuelca la mezcla sobre la tarta. Se espolvorea con queso gruyer y se mete al horno, a una temperatura de 210 °C.

Sugerimos sustituir la pechuga ahumada por jamón de régimen o por tofu ahumado. También se puede sustituir el gruyer por un queso menos graso, que se puede adquirir en tiendas especializadas en alimentación dietética.

Tarta de cebada

8 personas
Remojo: 1 noche
Preparación: 15 min.
Cocción: 40 min.

351 Kcal
1.467 Kj

Prot.: 9 g
Líp.: 15 g
Glúc.: 45 g

200 g de cebada
500 g de masa quebrada (véase p. 56)
2 huevos
2 dl de leche desnatada
2 cucharadas soperas de shoyu
Sal, pimienta
Nuez moscada
300 g de picadillo de tomate

Se pone la cebada a remojo una noche.

Se cuece en abundante agua salada. Una vez cocida, se escurre y se mezcla con el tomate.

Se estira la masa y se forra un molde de tarta. Se rellena con la cebada. Se baten los huevos, se agrega la leche, el condimento y el shoyu y se vuelca todo dentro de la tarta.

Se mete al horno a 210 °C. Se sirve bien caliente.

Pizza primaveral

8 personas.
Preparación: 1 hora
Cocción: 20 min.

294 Kcal
1.229 Kj

Prot.: 9 g
Líp.: 2 g
Glúc.: 60 g

800 g de masa de pan (p. 62)
600 g de picadillo de tomate
20 g de concentrado de tomates
150 g de zanahorias cocidas
350 g de hinojo cocido
100 g de champiñones cocidos
Aceitunas negras
Orégano
150 g de menestra de calabacín

Se estira la masa hasta alcanzar aproximadamente 0,5 cm de espesor. Se cortan 8 círculos, marcándolos con un plato. Se colocan en una placa de horno. Se agrega el tomate concentrado, mezclado con el picadillo de tomate.

Se cuecen todas las hortalizas por separado en abundante agua salada, y luego se escurren. Se reparte el tomate sobre las pizzas. Se disponen armoniosamente las hortalizas y las aceitunas. Se espolvorea con orégano. Se mete al horno, a 210 °C.

Pizza pobre en lípidos

Pescados

El pescado es uno de los alimentos más completos, más fáciles de digerir y más apreciados por nuestro organismo. Es un plato que se debería consumir más a menudo.

En general, los pescados son productos más delicados que la carne y las hortalizas. Por ese motivo, en el momento de adquirirlos conviene asegurarse de su perfecto estado de frescura, único criterio de calidad: los ojos deben ser brillantes, la carne firme y el olor agradable.

Los pescados son ricos en fósforo, en yodo (los de mar), en magnesio, en potasio y en vitaminas K, B2 y PP.

Los crustáceos y los moluscos aportan magnesio, zinc, cobre y yodo.

Caldo marino con puerros y níscalos

6 personas	104 Kcal	Prot.: 18,6 g
Preparación: 45 min.	434 Kj	Líp.: 1,5 g
Cocción: 45 min.		Glúc.: 4 g

12 puerros
18 langostinos y 6 vieiras
100 g de níscalos frescos
Sal, pimienta
Aderezo aromático (p. 49)
Perifollo

Se lavan y se limpian los puerros, conservando unos 5 cm de la parte blanca. Se lavan y se limpian los níscalos.

Se separan las colas de los langostinos y se les quita la cáscara. Se ponen las cáscaras en una cacerola, se cubre con agua, se agrega el aderezo aromático, se sala y se deja cociendo 30 minutos a fuego lento. Se pasa por el pasapurés.

Se sumergen las vieiras en 75 cl de caldo. Después de 2 minutos de cocción, se añaden las colas de langostino y se deja cocer el conjunto 2 minutos más.

Se retiran los langostinos y los moluscos. En su lugar, se ponen a hervir los puerros entre 8 y 10 minutos. Se mantienen calientes en un poco de caldo. Se echan los níscalos en el caldo para que cuezan 5 minutos. Se prueba de sal.

Se disponen los ingredientes en el fondo de platos soperos. Se añade el caldo y se espolvorea con unas hojas de perifollo. Se sirve con rodajas de pan tostado al horno.

Receta pobre en lípidos y rica en sales minerales

Se separa la cabeza. Se rompe el caparazón.

Se saca la carne con delicadeza.

Gambas con gabardina verde

6 personas
Preparación: 25 min.
Cocción: 5 min.

216 Kcal
902 Kj

Prot.: 34 g
Líp.: 2,2 g
Glúc.: 15 g

1 repollo verde
24 gambas
Pimienta
Tomillo
Picadillo de tomate (p. 54)
1 limón
200 g de hojas de espinacas cocidas

Se ponen las hojas de repollo a hervir durante 5 minutos hasta que se blanqueen, y luego se refrescan.

Se pelan las gambas sin quitarles la cabeza. Se condimentan y se envuelven en las hojas de repollo. Se cuecen al vapor.

Se pone en cada plato algo de espinacas cocidas, se cubre con el picadillo de tomate, se colocan las gambas y se decora con rodajas de limón. Se sirve inmediatamente.

Gambas al natural

6 personas
Preparación: 25 min.
Cocción: 5 min.

208 Kcal
869 Kj

Prot.: 39 g
Líp.: 2,4 g
Glúc.: 7,5 g

24 gambas
Eneldo
2 limones
Abanicos de calabacines (véase p. 172)

Se pelan las gambas, dejando las cabezas unidas. Se aderezan con pimienta y tomillo (no es necesario salar) y se cocinan al vapor.

Se colocan en una fuente decorada con eneldo, limón y abanicos de calabacines. Se acompaña con falsa mahonesa (véase p. 50) o con salsa salsa tsatsiki (veáse p. 93).

Langosta al natural

2 personas Preparación: 15 min. Cocción: 20 min./kg	232 Kcal 970 Kj	Prot.: 38 g Líp.: 8 g Glúc.: 2 g

Caldo de pescado para crustáceos o agua de mar
1 langosta viva
1 cuenco de falsa mahonesa
(véase p. 50)

Se sumerge la langosta en el caldo y se deja cociendo unos 20 minutos por cada kilo. Se deja enfriar en la cacerola. Se sirve fría, acompañada de mahonesa.

Pescados

Blanqueta de langosta

2 personas
Preparación: 50 min.
Cocción: 40 min.

237 Kcal
990 Kj

Prot.: 31 g
Líp.: 5 g
Glúc.: 17 g

1 cola de langosta cocida
50 g de judías verdes finas
1 tomate
1 zanahoria
1 blanco de puerro
2 dl de salsa de pescado (véase p. 55)
Sal, pimienta
Tomillo
Perifollo
1 corazón de alcachofa cocido y cortado finamente.

Se cuecen por separado en agua salada las judías y la zanahoria cortada en bastoncitos. Se corta en rodajas finas el puerro lavado, se condimenta y se cuece durante 15 minutos en un poco de agua. Se cuece al vapor el tomate cortado en dos.

Se calientan las hortalizas y la langosta al vapor. Se condimentan.

Se coloca la carne de langosta cortada en trocitos en una fuente, rodeada de las hortalizas, se baña con la salsa caliente y se sirve espolvoreado con perifollo picado.

Ensalada de vieiras

4 personas	184 Kcal	Prot.: 30 g
Preparación: 20 min.	769 Kj	Líp.: 2,2 g
Cocción: 4 min.		Glúc.: 11 g

16 vieiras
2 puñados de ensalada variada
Vinagreta de tomate (p. 53)
Sal, pimienta
Azafrán
1 limón
2 tomates

Se condimentan las vieiras con sal, pimienta y azafrán. Se cuecen al vapor durante unos 3 ó 4 minutos, hasta que estén blandas.

Se lava la ensalada, se condimenta y se reparte en los platos. Se rodea de trozos de tomate y de rodajas de limón. Se colocan las vieiras y se sirve inmediatamente.

Se pueden añadir a la ensalada todo tipo de granos germinados. Se espolvorea con gomasio.

Papillotes de vieiras con champiñones

4 personas	173 Kcal	Prot.: 31 g
Preparación: 20 min.	723 Kj	Líp.: 1 g
Cocción: 4 min.		Glúc.: 10 g

16 vieiras
200 g de champiñones cocidos
Sal, pimienta
1 limón
Perifollo

Se preparan cuatro hojas de papel de aluminio. Se colocan sobre ellas los champiñones, las vieiras sazonadas y unas gotas de limón. Se cierran los papillotes. Se cuecen en horno muy caliente, a 240 °C.

Para servir, se abren los papillotes y se espolvorea con hojitas de perifollo.

Pescados

Cangrejos a la naranja

4 personas	191 Kcal	Prot.: 29 g
Preparación: 40 min.	798 Kj	Líp.: 3,5 g
Cocción: 10 min.		Glúc.: 11 g

2 cangrejos
1 pomelo
1 naranja
1 lechuga
1 l de caldo aromático de pescado (véase p. 49)
1 cucharada sopera de comino
3 cucharadas soperas de falsa mahonesa (véase p. 50)
Eneldo
200 g de brotes de soja blanqueados

Se cuecen los cangrejos en el caldo con el comino durante 10 minutos. Se dejan enfriar en la cacerola.

Se pelan el pomelo y la naranja, quitando bien la corteza blanca interior. Se separan los gajos. Se quita el caparazón y las patas de los cangrejos. Se lavan los caparazones y se coloca sobre ellos la lechuga lavada y cortada y los brotes de soja. Se mezcla la carne de los cangrejos, los cítricos, la falsa mahonesa y el eneldo. Se rellenan los caparazones con este picadillo. Se espolvorea la superficie con perifollo picado.

Se puede también agregar un poco de ketchup.

Se debe tener en cuenta el aporte de frutas de la receta

Pescados

Filetes de merluza en papillotes de masa fina

2 personas
Preparación: 15 min.
Cocción: 10 min. + 5 min.

212 Kcal
886 Kj

Prot.: 23,5 g
Líp.: 10,5 g
Glúc.: 6 g

2 filetes de merluza (250 g)
4 hojas de masa para papillotes
Sal, pimienta
Orégano
4 tomatillos
20 g de margarina
1 limón, perejil

Se sazonan los filetes de pescado y se fríen en la sartén, dorándolos por ambos lados. Se dejan enfriar.

Se estiran dos hojas de masa sobre la mesa, se untan de margarina derretida, se doblan en dos y se coloca un filete de pescado sobre cada una. Se cubre con rodajas de tomate condimentadas y con otra hoja de masa, doblada en dos y untada con margarina derretida. Se doblan los bordes y se vuelven los papillotes sobre una placa de horno. Se dejan 5 minutos en el horno, a una temperatura de 240 °C; durante ese tiempo, las hojas de masa se han puesto crujientes y se ha calentado su relleno.

Se colocan en una fuente de servir, se decoran con perejil y unas rodajas de limón. Se sirven acompañados de una ensalada verde.

Besugo a la sal

4 personas
Preparación: 15 min.
Cocción: 45 min.

188 Kcal
785 Kj

Prot.: 35 g
Líp.: 3 g
Glúc.: 5,2 g

1 besugo de 1 kilo y 1/2
Tomillo, pimienta
3,5 kg de sal gruesa
2 tomates
1 pizca de hinojo seco
1 limón

Se adereza el besugo con la pimienta, el tomillo y el hinojo. Se pela el limón, quitándole la corteza blanca interior, y se corta en rodajas. Se cortan también los tomates. Se rellena el besugo. Se cubre de sal y se mete al horno, a una temperatura de 210 °C.

Se lleva a la mesa y se quiebra la costra de sal ante los invitados.

Se acompaña de alioli, que se prepara de la siguiente manera: se mezclan 4 dientes de ajo picados, sal, pimienta, 200 g de requesón con 0% de materia grasa, 1 yema de huevo, 1/2 cucharadita de mostaza y unas hebras de azafrán.

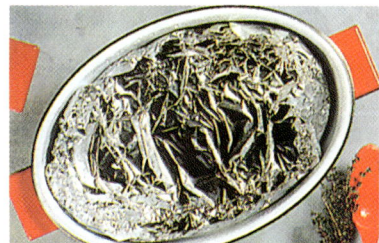
Se coloca una gran hoja de aluminio en el fondo de una cacerola.

Se echa un kilo de sal gruesa, y sobre ella se dispone el besugo.

Se cubre con sal gruesa.

Pescados

Merluza vienesa

4 personas
Preparación: 30 min.
Cocción: 10 min.

290 Kcal
1.212 Kj

Prot.: 34 g
Líp.: 10 g
Glúc.: 16 g

4 merluzas de 200 g
1 paquete de pan rallado
2 claras de huevo
Sal, pimienta
1 cucharada sopera de aceite
2 huevos duros
Perejil picado
1 limón

Se abren las merluzas por el lomo, dejando la cabeza unida al cuerpo (pídale al pescadero que lo haga por usted).

Una vez abiertas, se condimentan y se empanan, pasándolas por clara de huevo y luego por pan rallado. Se colocan en una placa de horno ligeramente aceitada con un pincel. Se meten al horno a una temperatura de 210 °C.

Se adornan los bordes de los platos con perejil picado y con huevos duros picados. Se decoran con rodajas de limón. Se colocan las merluzas en los platos y se sirven inmediatamente.

Como guarnición, para este plato, le proponemos los rollos de acelga (véase p. 168).

"Navarín" de rape

6 personas
Preparación: 1 hora.
Cocción: 20 min.

263 Kcal
1.100 Kj

Prot.: 40 g
Líp.: 2,6 g
Glúc.: 20 g

1/2 kg de cola de rape
200 g de apio nabo
200 g de zanahorias
100 g de judías verdes finas
Zumo de 1/2 limón
100 g de mejillones cocidos
24 cebollitas blancas
250 g de patatas
3 dl de caldo de pescado
1 dl de vino blanco
10 g de mantequilla batida
Sal, pimienta
Perifollo, estragón

Se pelan y se cortan las patatas en bastoncillos. Se blanquean durante 5 minutos en abundante agua salada. Se cuecen las judías, dejándolas ligeramente duras. Se cortan el apio y las zanahorias en bastoncillos, y se cuecen por separado al vapor. Se dejan un poco crujientes. Se cuecen las cebollitas en agua salada.

Se corta el rape en rodajas. Se coloca en una fuente de horno con el vino, el caldo, el condimento, las hortalizas y el limón. Se mete entre 10 y 15 minutos en el horno a 200 °C. Se recupera el jugo de la cocción y se espesa con la mantequilla batida. Se prueba el condimento y se agregan los mejillones.

Se vuelven a colocar las rodajas de rape en la fuente de cocción. Se bañan con la salsa y se espolvorean con hierbas finas picadas.

El vino blanco no es indispensable; se puede utilizar el jugo de la cocción de los mejillones en lugar del caldo y del vino.

Papillotes de rape

4 personas
Preparación: 20 min.
Cocción: 10 a 15 min.

165 Kcal
690 Kj

Prot.: 28 g
Líp.: 1,5 g
Glúc.: 10 g

2 filetes de rape de 300 g por pieza
100 g de arroz integral cocido
150 g de picadillo de tomate
(véase p. 54)
Sal, pimienta
1 cucharada sopera de cebolleta picada
2 trocitos de iziki cocida

Se corta el rape en escalopes y se condimenta. Se mezcla el arroz, el picadillo de tomate, las hierbas y la iziki.

Se preparan 4 hojas de papel de aluminio de 40 por 30 cm. Se coloca en el centro de cada una un poco de arroz con iziki y luego unos escalopes de rape. Se cierran los papillotes y se meten al horno.

En cuanto se sacan del horno, se sirven los papillotes y se abren delante de los comensales.

Receta pobre en lípidos

Pescados

1 – Trucha
2 – Perca
3 – Farra
4 – Lenguado
5 – Besugo
6 – Arenque
7 – Gallo, platija o acedía
8 – Salmonete
9 – Pescadilla
10 – Salmón
11 – Rodaballo
12 – Lubina o róbalo
13 – Merluza
14 – Rape o pejesapo

Crustáceos

1 – Cangrejos
2 – Mejillones
3 – Gambas
4 – Camarones rosados
5 – Vieiras
6 – Langostinos
7 – Langosta

Pescados

Róbalo a las algas

2 personas	217 Kcal	Prot.: 29 g
Preparación: 10 min.	907 Kj	Líp.: 9 g
Cocción: 20 min.		Glúc.: 5 g

1 róbalo de 800 g
2 puñados de algas (varech)
Sal, pimienta
2 l de agua, si es posible de mar
Picadillo de tomate (p. 54)

Se vacía y se limpia el róbalo. No es necesario quitarle las escamas.

Se reparte un puñado de algas en una cacerola. Se coloca el róbalo condimentado sobre ellas. Se cubre con el resto de las algas, se agrega el agua y se pone a cocer, tapado, a fuego medio.

Se quita la piel, se sacan los 2 filetes y se elimina la mayor cantidad posible de espinas. Se sazona. Se vuelven a colocar los filetes. Se sirve con el picadillo de tomate.

Importante aporte de yodo

Salmón y róbalo

6 a 8 personas	197 Kcal	Prot.: 12 g
Preparación: 40 min.	823 Kj	Líp.: 4,6 g
Reposo: 1 noche + 24 h.		Glúc.: 17 g

1 filete de salmón de 250 g
1 filete de róbalo de 250 g
100 g de fructosa
300 g de sal marina gruesa
2 pizcas de pimienta
12 cl de mosto de pan
5 cl de zumo de limón
2,5 cl de salsa de soja
Eneldo
1 cebolla
2 cucharadas soperas de alcaparras
1 limón

Se quitan todas las espinas de los pescados con ayuda de una pinza de depilar. Se mezclan la sal, la fructosa y la pimienta, y se cubren los filetes con este preparado. Se deja reposar una noche al fresco.

Al día siguiente, se ponen los pescados bajo un chorro de agua fría durante 30 minutos para quitarles la sal. Se colocan en una fuente honda, exactamente del mismo tamaño. Se mezcla la soja, el mosto de pan y el zumo de limón, y se vierte sobre los pescados. Se deja un día al fresco.

Los pescados se presentan cortados en finas lonchas, como las de un salmón ahumado. Se adornan con rodajas de cebolla, alcaparras, limón y eneldo.

Si se desea, se puede acompañar con unos blinis (véase p. 58).

Pescados

Filetes de salmonete al vapor con tomatillos rellenos

4 personas
Preparación: 20 min.
Cocción: 10 min.

216 Kcal
903 Kj

Prot.: 30 g
Líp.: 4,5 g
Glúc.: 14 g

8 salmonetes pequeños de 80 g cada uno
8 hojas de albahaca
Sal, pimienta
4 tomates
150 g de menestra de verduras (véase p. 179)
Eneldo
1 limón
Crema de espinacas (p. 54)

Se abren los salmonetes (pídale a su pescadero que lo haga). Se condimentan. Se superponen los filetes de a dos, intercalando en medio de cada par una hoja de albahaca. Se cuecen al vapor.

Se vacían los tomates, se rellenan con menestra de verduras y se cuecen al vapor.

Se disponen los filetes de salmonete y los tomates en los platos. Se decoran con eneldo y rodajas de limón. Se rodean con la crema de espinacas

Filetes de salmonete con salsa de berros

4 personas
Preparación: 20 min.
Cocción: 5 min.

180 Kcal
752 Kj

Prot.: 28 g
Líp.: 5,5 g
Glúc.: 4,5 g

8 filetes de salmonete de 80 g
Sal, pimienta
1 manojo de berros
Salsa de pescado (véase p. 55)
12 tomates pequeños

Se condimentan los filetes de salmonete y se cuecen al vapor. Se pelan los tomatitos.

Se corta la parte dura de los berros y se lavan en abundante agua. Se reservan unas hojas. El resto se blanquea en agua hirviendo y luego se escurre y se exprime. Se pasa por la batidora y se agrega a la salsa de pescado. Se prueba de sal.

Se disponen los filetes de salmonete sobre los platos. Se rodean con la salsa y con los tomatitos calentados al vapor. Se decora con las hojas de berro previamente apartadas.

Pescados

Filetes de farra con dos salsas

6 personas	310 Kcal	Prot.: 27 g
Preparación: 20 min.	1.295 Kj	Líp.: 20,5 g
Cocción: 15 min.		Glúc.: 4,5 g

6 filetes de farra de 150 g
3 dl de caldo aromático de pescado
(p. 49) o de vino blanco
1/4 l de nata ligera

1 cucharada sopera de concentrado
de tomate
Sal, pimienta
Eneldo

3 chalotes picados
40 g de mantequilla
10 g de mantequilla batida
(véase p. 54)

Se condimentan los filetes de pescado y se colocan en una placa de horno cubierta de chalotes picados. Se rocían con vino blanco o con caldo aromático de pescado. Se cubren con papel de aluminio y se meten al horno a 240 °C.

Cuando el pescado está hecho, se retira el caldo de la placa y se pasa por el pasapurés, luego se pone en una cacerola. Se lleva a ebullición y se agrega la mantequilla batida. Se deja cociendo 10 minutos para concentrar la salsa.

A continuación se añade la nata y se retira inmediatamente del fuego. Se sazona y luego se divide la salsa en 2 partes iguales. En una de ellas se añade el concentrado de tomate.

Se coloca un filete de farra en cada plato. Se baña cada mitad con cada una de las salsas. Se decora con una ramita de eneldo y se sirve acompañado de risoto (véase p. 191).

Receta rica en materias grasas

Filetes de perca a la excelencia

6 personas	237 Kcal	Prot.: 35 g
Preparación: 40 min.	990 Kj	Líp.: 9,5 g
Cocción: 5 min.		Glúc.: 3 g

1/4 l de caldo aromático de pescado
(véase p. 49)
1/4 l de leche desnatada
4 yemas de huevo

Sal, pimienta
4 claras montadas a punto de
nieve
20 g de alga iziki cocida

1 limón
6 filetes de perca de 150 g
Eneldo
Hojas de cebolleta

Se montan las claras a punto de nieve, se condimentan, y se incorpora la iziki cocida. Se hacen unas bolitas con una cuchara y se sumergen en la mezcla hirviente de caldo y leche. A media cocción, se les da la vuelta, luego se escurren sobre un paño y se mantienen calientes.

Se diluyen las yemas en un poco de caldo. Se vierten en el caldo hirviendo y se remueve como para hacer una crema inglesa. Cuando la mezcla cubre completamente la cuchara, se retira del fuego y se pasa por el pasapurés. Se reserva al baño María.

Se sazonan los filetes de perca y se cuecen al vapor. Se colocan sobre los platos, se bañan con la salsa y se ponen las claras de huevo cocidas. Se espolvorea con cebolleta finamente troceada. Se decora con rodajas de limón y ramitas de eneldo. Se acompaña con patatas cocidas al vapor.

Pescados

Filetes de sábalo al vino tinto

4 personas
Preparación: 10 min.
Cocción: 8 min.

287 Kcal
1.200 Kj

Prot.: 43 g
Líp.: 11,5 g
Glúc.: 3 g

4 filetes de sábalo (900 g)
Sal, pimienta
75 cl de un buen vino tinto
5 cl de nata ligera
2 chalotes picados
15 g de mantequilla batida (véase p. 54).

Se condimentan los filetes de sábalo y se meten al horno, a 240 °C, con el vino tinto y los chalotes.

Se deja cociendo hasta que el vino de la cocción se reduce a 1/4 litro y se espesa con la mantequilla batida. Se retira del fuego, se pasa por el pasapurés, se añade la nata y se rectifica el condimento.

Se disponen los filetes de sábalo en una fuente o en los platos. Se baña con la salsa. Se decora con una ramita de perejil y se sirve de inmediato, acompañado de arroz.

El vino que se utiliza en la cocina para aromatizar algunos platos se evapora al calentarse.

Filetes de gallo a la sidra

4 personas
Preparación: 25 min.
Cocción: 8 min.

145 Kcal
606 Kj

Prot.: 25 g
Líp.: 0,8 g
Glúc.: 4,5 g

8 filetes de gallo de 80 g
2 chalotes
2 dl de sidra seca
Sal, pimienta
2 tomates pelados, sin semillas y cortados en dados
100 g de champiñones frescos
Zumo de 1/2 limón

Se espolvorea con chalotes picados el fondo de una fuente de horno para gratinar. Se reparten los champiñones, lavados y cortados en láminas, y luego los filetes de pescado condimentados. Se rocía con sidra y zumo de limón. Se distribuyen los tomates cortados en dados. Se mete la fuente al horno a 240 °C.

Se espolvorea con hojitas de perifollo y se sirve.

Receta pobre en lípidos

Filetes de pescadilla con escamas de calabacín

6 personas	330 Kcal	Prot.: 40 g
Preparación: 40 min.	1.379 Kj	Líp.: 10 g
Cocción: 20 min.		Glúc.: 20 g

6 filetes de pescadilla de 100 g
300 g de filetes de pescadilla
1 dl de nata ligera
1 calabacín
1 clara de huevo
4 dl de salsa de tomate (p. 54)
Hojas de albahaca
1/2 l de vino blanco o de caldo de pescado (p. 49)
6 flanes de calabacines (véase p. 180)
Sal, pimienta del molinillo
3 chalotes picados
20 g de mantequilla ligera
Eneldo o perejil

Se aplastan los 6 filetes de pescadilla, se limpian, se sazonan y se reservan.

Se pasan por la batidora los otros ingredientes y los 300 g de pescadilla, se condimenta, se agrega la clara de huevo y luego la nata. Se pasa este picadillo por el tamiz. Se esparce un poco sobre cada filete. Se decora la superficie con unas rodajitas muy finas de calabacín, dispuestas como si fueran escamas. Se sazona.

Se unta con mantequilla una placa de horno del tamaño de los filetes. Se espolvorea el fondo con los chalotes picados. Se ponen encima los filetes de pescadilla, se agrega el vino blanco y se mete al horno, a 210 °C, durante 20 minutos. Se saca cuando la cocción ha terminado.

Se sirve en los platos un poco de salsa de tomate fresco con albahaca, un filete de pescadilla y un flan de calabacines. Se decora con una ramita de eneldo o de perejil. Se sirve inmediatamente.

Quiche florentina de salmón

8 personas
Preparación: 25 min.
Cocción: 30 min.

180 Kcal
752 Kj

Prot.: 8,7 g
Líp.: 9 g
Glúc.: 16 g

200 g de masa quebrada (véase p. 56)
400 g de picadillo de tomate (véase p. 54)
200 g de hojas de espinacas cocidas
250 g de carne de salmón
150 g de champiñones cocidos
Sal, pimienta del molinillo
Eneldo

Se cuece la masa de tarta. Cuando se saca del horno, se añaden las espinacas calientes, los tomates, los champiñones en láminas y finas lonchas de salmón. Se condimenta.

Se mete al horno durante 5 minutos. Se decora con eneldo y se sirve de inmediato.

Quiche de salmón y erizo de mar

6 personas
Preparación: 20 min.
Cocción: 55 min.

386 Kcal
1.613 Kj

Prot.: 28 g
Líp.: 21,6 g
Glúc.: 20 g

300 g de masa quebrada (véase p. 56)
450 g de carne de salmón
130 g de carne de erizo de mar
2 huevos
1 dl de leche desnatada
Sal, pimienta
Nuez moscada
Azafrán

Una vez cocida la masa de tarta, se distribuye el salmón cortado en rodajas finas y la carne de erizo. Se agregan los huevos batidos con la leche y se condimenta.

Se mete de nuevo al horno hasta que se termina de cocer.

Se sirve la quiche acompañada de una ensalada verde.

Pescados

Tartas de salmón flameadas

6 personas (3 tartas)	367 Kcal	Prot.: 23 g
Preparación: 35 min.	1.534 Kj	Líp.: 11,5 g
Cocción: 8 a 10 min.		Glúc.: 43 g

500 g de masa de pan integral
400 g de requesón con 20% de materia grasa
400 g de carne de salmón
2 cebollas picadas
Sal, pimienta
Eneldo fresco picado

Se estira la masa de pan hasta que quede muy fina. Se cortan 3 círculos y se depositan en una placa de horno. Se cubre con requesón, se espolvorea con cebolla picada y se distribuyen láminas muy finas de salmón. Se salpimenta y se mete al horno a 250°C, para que se cueza y para que la masa quede bien crujiente.

Se sacan las tartas cuando ya estén cocidas y se espolvorea la superficie con eneldo. Se sirve de inmediato.

Se puede sustituir el salmón por todo tipo de frutos de mar, como vieiras, mejillones, camarones, etc. Para esta receta, desaconsejamos el requesón con 0% de materia grasa.

INTERÉS DIETÉTICO DEL PESCADO

Nuestra pasión por la carne nos hace olvidar, con frecuencia, otra fuente de proteínas igualmente interesante para nuestra salud: las proteínas de los productos del mar, es decir, los pescados, los crustáceos y los moluscos.

COMPOSICIÓN POR CADA 100 G DE ALGUNOS PRODUCTOS

	Merluza	Atún	Sardina	Raya	Pescadilla	Ostra	Vieira	Calamar
Kcal	86	225	174	89	69	66	70	84
Prótidos	17	27	21	20	16	8,4	15	16,4
Lípidos	2	13	10	1,5	0,6	1,8	0,5	0,9
Glúcidos	0	0	0	1	0	3,4	3	1,5

Si en otra época el pescado se tomaba al menos una vez a la semana por motivos religiosos, hoy su consumo tiende a disminuir, con excepción del período de vacaciones.

El pescado es un alimento mal aprovechado; los crustáceos y los moluscos, por ejemplo, se sirven principalmente en días de fiesta.

Sin embargo, la composición de estos productos los convierte en los preferidos de las dietas, ya que tienen un porcentaje de prótidos equivalente en cantidad y calidad a los de la carne, un aporte débil de lípidos, del tipo de los insaturados, más fáciles de digerir que los de la carne; también presentan gran riqueza en sales minerales (fósforo, magnesio, yodo y potasio). El pescado de mar no contiene más sodio que el pescado de agua dulce.

En cuanto a los crustáceos y a los moluscos, el problema de su consumo reside en parte en la contaminación del medio marino. Es una pena que la contaminación ambiental ponga límite al consumo de estos productos, puesto que su interés nutritivo es el mismo que el de los pescados. Pero, en definitiva, es cuestión de elegirlos bien.

El gran plato de pescados

4 personas	345 Kcal	Prot.: 48 g
Preparación: 1 hora	1.442 Kj	Líp.: 5,3 g
Cocción: 10 min.		Glúc.: 26,5 g

4 medallones de rape
4 langostinos
4 vieiras
4 filetes de salmonete
4 filetes de lenguado
Sal, pimienta
8 nabitos
8 zanahorias pequeñas
8 calabazas pequeñas
8 mazorcas pequeñas
8 calabacines pequeños
Picadillo de tomate (p. 54)
1 limón
Eneldo

Se limpian los pescados y se sazonan; se colocan en uno de los compartimentos de una olla a vapor. Se van retirando del fuego a medida que estén cocidos. Se mantienen calientes.

Se procede de la misma manera con las hortalizas, una vez lavadas.

Para servir, se dispone todo armoniosamente, alternando los colores. Se coloca un poco de picadillo de tomate en el centro, y se adorna con eneldo y limón.

Plato muy rico en proteínas

Pescados

Raviolis de salmón

8 personas
Preparación: 45 min.
Cocción: 20 min.
Rep.: 1 noche

449 Kcal
1.876 Kj

Prot.: 14,5 g
Líp.: 19 g
Glúc.: 55 g

300 g de filetes de salmón
6 dientes de ajo
1 manojo pequeño de albahaca
500 g de picadillo de tomate (véase p. 54)
1 pizca de azafrán

60 g de mantequilla
Sal, pimienta
100 g de gruyer rallado

Masa:
400 g de harina
100 g de sémola fina de trigo
1/4 de vaso de aceite
1 huevo
1 dl de agua fría, 10 g de sal

Se mezclan todos los ingredientes de la masa y se amasa bien. Se deja reposar una noche sobre un trapo húmedo.

Se corta el salmón en bastoncillos y se sazona. Se pican el ajo y la albahaca.

Se estira la masa hasta que quede muy fina. Sobre la mitad de la masa se colocan pequeños montoncitos de ajo y albahaca y un bastoncillo de salmón, y se cubre con la otra mitad. Se cortan los ravioles y se cuecen en abundante agua salada. Se escurren cuando se terminan de cocer.

Se agrega el azafrán, se mezcla y se agrega también el picadillo de tomate.

Se colocan en una fuente de horno. Se espolvorean opcionalmente con gruyer rallado y se meten al horno para gratinarlos.

Salmón estofado al vino blanco

4 personas
Preparación: 25 min.
Cocción: 5 a 10 min.

284 Kcal
1.187 Kj

Prot.: 28 g
Líp.: 18,5 g
Glúc.: 1,5 g

1/4 l de vino blanco
5 cl de leche desnatada
10 g de mantequilla batida (p. 54)
Sal, pimienta
4 filetes de salmón de 150 g
1 pizca de iziki (20 g)
Cebolleta

Se cuecen las algas (según las indicaciones del envase).

Se sazonan los escalopes de salmón y se ponen a cocer al vapor. Cuando están cocidos, se retiran y se colocan en platos individuales.

Se reduce el vino blanco a la mitad a fuego vivo. Se espesa con la mantequilla batida, se añaden la leche y los condimentos. Se pasa este preparado por el pasapurés y se vierte sobre los filetes de salmón. Se reparten las algas por encima y se espolvorea con cebolleta troceada. Se sirve inmediatamente.

Se puede sustituir la leche por nata ligera. En ese caso, se añadirá ya fuera del fuego y no se hará hervir la salsa

Pescados

Filetes de lenguado con tomates

6 personas	241 Kcal	Prot.: 30 g
Preparación: 20 min.	1.007 Kj	Líp.: 5,5 g
Cocción: 20 min.		Glúc.: 18 g

6 filetes de lenguado de 150 g cada uno
6 tomates
1 dl de vino blanco
2 dl de caldo aromático de pescado
2 dl de nata ligera
2 chalotes picados
300 g de arroz blanco cocido
Sal, pimienta
Hojas de estragón

Se pelan los tomates y se vacían por el pedúnculo. Se salan y se les da la vuelta para que escurran.

Se aplanan los filetes de lenguado. Se condimentan y se enrollan sobre sí mismos, con la piel hacia dentro.

Se mete un filete dentro de cada tomate. Se colocan los tomates rellenos en una bandeja sobre una rejilla de horno, junto con el vino blanco, el caldo y los chalotes. Se meten al horno a 180 °C. Cuando están cocidos, se sacan del horno. Se cuela el jugo y se reduce a la mitad. Se añade la nata y se retira del fuego. Si es necesario, se modifican los condimentos.

Se colocan los tomates sobre un manto de arroz. Se rodea la base de salsa y se decora la parte superior con una ramita de estragón.

Truchas rellenas de hinojo

4 personas	290 Kcal	Prot.: 30 g
Preparación: 15 min.	1.212 Kj	Líp.: 10,5 g
Cocción: 15 min.		Glúc.: 19 g

4 truchas
400 g de picadillo de tomate
(véase p. 54)
150 g de hinojo fresco

2 dl de nata ligera
2 chalotes
Zumo de 1/2 limón
Sal, pimienta

1/2 l de vino blanco o de caldo
aromático de pescado (véase p. 49)
Eneldo o perejil

Se lava y se trocea el hinojo. Se cuece en agua hirviendo unos instantes y luego se refresca.

Se limpian y se vacían las truchas. Se condimenta el interior. Se cubre el interior de cada trucha con un poco de picadillo de tomate y de hinojo blanqueado. Se colocan las truchas en una fuente de horno cubierta de chalotes picados. Se agrega el vino blanco y se mete al horno durante un cuarto de hora a 240 °C.

Se retiran y se mantienen calientes. Se pasa el jugo de la cocción por el chino y se reduce a un tercio en una cacerola. Se retira del fuego, se agrega la nata y el resto del picadillo de tomate. Si es necesario, se modifican los condimentos.

Se baña el fondo de los platos con un poco de salsa. Se colocan las truchas, se decora con una ramita de eneldo o de perejil y se sirve inmediatamente.

Para lograr una presentación más atractiva, también se pueden abrir las truchas por el dorso. Pídale a su pescadero que lo haga por usted. La nata se puede suprimir, puesto que no es indispensable.

Truchas princesa

6 personas	257 Kcal	Prot.: 30 g
Preparación: 40 min.	1.074 Kj	Líp.: 13 g
Cocción: 20 min.		Glúc.: 5 g

6 truchas
1 botella de cava
1 dl de caldo aromático de pescado
(véase p. 49)

2 dl de nata
5 cl de jerez
60 g de pasta de pistachos
20 g de mantequilla ligera

1 cucharada sopera de pistachos
picados
Sal, pimienta
2 chalotes

Se unta de mantequilla una fuente de horno y se cubre el fondo con chalotes picados. Se disponen las truchas condimentadas y se bañan con cava, caldo aromático de pescado y jerez. Se cubre con un papel de aluminio untado de mantequilla. Se mete al horno a 210 °C, y se baña con el jugo de vez en cuando.

Cuando la cocción ha terminado, se pasa el jugo por el chino y se reduce al fuego hasta que adquiera la consistencia de un jarabe. Se agrega la pasta de pistachos y la nata. Se retira inmediatamente del fuego. Si es necesario, se modifica el aliño.

Se quita la piel de las truchas y se colocan éstas en un plato caliente; se bañan con la salsa y se espolvorea la superficie con pistachos picados.

Se puede sustituir el cava por la misma cantidad de caldo aromático de pescado.

Pescados

Rollos de trucha con salmón ahumado

4 personas	335 Kcal	Prot.: 31 g
Preparación: 25 min.	1.400 Kj	Líp.: 19 g
Cocción: 10 min.		Glúc.: 10 g

4 truchas o 300 g de carne de trucha
1 dl de nata líquida ligera
Sal, pimienta recién molida
4 rodajas de salmón ahumado de 80 g cada una
Salsa de pescado (véase p. 55)
Menestra de verduras (p. 179)
Perifollo, estragón

Se pasa por la batidora la carne de truchas sazonada. Se añade poco a poco la nata. Se pasa esta mezcla por el tamiz y se divide en 4 partes. Se forman 4 rollos y se envuelven en las lonchas de salmón ahumado.

Se cuecen al vapor durante 10 minutos. Se coloca en cada plato un poco de menestra de verduras y se baña con la salsa de pescado. Se decora con unas hojitas de perifollo y de estragón. Se sirve inmediatamente.

Pescados

Escalopes de rodaballo con lechugas rellenas

4 personas	315 Kcal	Prot.: 36 g
Preparación: 45 min.	1.316 Kj	Líp.: 13,5 g
Cocción: 15 min.		Glúc.: 9 g

12 langostinos
12 hojas de lechuga
4 escalopes de rodaballo
1,5 dl de leche desnatada
3 tomates

1 cebolla
1 dl de vino blanco seco
2 dl de caldo aromático de pescado
(véase p. 49)
Sal, pimienta

2 hojas de laurel
Clavo
1 cucharada sopera de aceite
15 g de mantequilla batida (p. 54)
Perifollo

Se pelan los langostinos. Se envuelven las colas sazonadas con las hojas de lechuga.

Se doran las cabezas de los langostinos y la cebolla picada a fuego lento, durante 10 minutos. Se agrega el vino blanco, el caldo, el laurel, el clavo y los tomates cortados. Se deja cociendo hasta que se reduce a la mitad.

Se pasa por el chino y se añade la leche. Se pone a hervir y se espesa con un poco de mantequilla batida. Se comprueba el aliño.

Se sazonan los escalopes de rodaballo y se cuecen al vapor. Cuatro minutos antes de terminar la cocción, se agregan las lechugas rellenas. La cocción se debe terminar en unos 4 minutos.

Se disponen en los platos, se rodean con la salsa, se decoran con perifollo y se sirven.

Sugerencia: se puede confeccionar el mismo plato sustituyendo el rodaballo por lucio y los langostinos por camarones. El procedimiento es el mismo.

Carnes

Ya se trate de una carne blanca (aves, ternera) o de una carne roja (carne de vaca), la cantidad de proteínas por cada 100 g es la misma. No obstante, la diferencia de calorías se explica por el contenido en grasas.

Siempre que se escojan trozos magros, se puede consumir indistintamente la una o la otra.

Las vísceras, a pesar de su importante contenido en ácido úrico, se pueden consumir con moderación, salvo que se esté enfermo. Son muy recomendables para las personas que gozan de buena salud, dada su riqueza en minerales (especialmente hierro) y su bajo contenido en lípidos.

Carnes

Pechuga de pato con manzanas

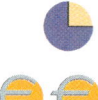

2 personas
Preparación: 10 min.
Cocción: 20 min.

305 Kcal
1.275 Kj

Prot.: 31 g
Líp.: 17 g
Glúc.: 7 g

250 g de pechuga de pato desgrasada
1 manzana golden
Sal, pimienta
5 cl de caldo oscuro espeso (véase p. 49)
Perejil
1 cucharada sopera de aceite

Se sazona la pechuga y se fríe a fuego muy lento en una sartén antiadherente, con un poco de aceite. Se retira cuando aún está rosada. Se deja reposar 5 minutos antes de cortarla.

Se pela la manzana y se corta en láminas. Se saltean éstas en una sartén hasta que estén ligeramente doradas. Se colocan en montoncitos en los platos y se rodean con el caldo oscuro espeso.

Se disponen los filetes finos de pechuga en forma de abanico sobre cada montoncito de manzana. Se decora con una ramita de perejil.

Para mantener el equilibrio del menú, no olvide que esta receta incluye una manzana.

Pechuga de pato escalfada con crema de rábano silvestre

2 personas
Preparación: 25 min.
Cocción: 10 min.

260 Kcal
1.086 Kj

Prot.: 33 g
Líp.: 13 g
Glúc.: 2,6 g

1 caldo aromático (p. 49)
1 pechuga de pato de 300 g
Sal, pimienta, mostaza
2 cucharadas soperas de nata ligera
10 g de mantequilla batida (p. 54)
1/2 cucharada sopera de rábano rallado

Se desgrasa completamente la pechuga. Se escalfa durante 10 minutos en el caldo hirviendo.

Se separa 1 dl de caldo, se lleva a punto de ebullición y se espesa con la mantequilla batida. Se agrega el rábano y la mostaza. Se remueve y se retira del fuego. Se prueba de sal y se agrega la nata.

Se corta la pechuga en filetes y se reparte en dos platos.

Se sirven bañados con la salsa.

Carnes

Estofado de conejo

6 personas
Preparación: 25 min.
Cocción: 1 h.

364 Kcal
1.251 Kj

Prot.: 34 g
Líp.: 20 g
Glúc.: 12 g

1 conejo
1 cebolla y 100 g de cebollitas
1 zanahoria
1 rama de perejil, 1 apio
2 hojas de laurel, clavo
10 granos de pimienta
60 g de mantequilla batida (véase p. 54)
1/4 l de nata ligera
Sal, pimienta
200 g de champiñones pequeños
Zumo de 1/2 limón
1 pizca de azúcar

Se corta el conejo en pedazos. Lo ponemos en una cacerola con el aderezo aromático. Se cubre de agua y se cocina a fuego lento durante 40 minutos. Al terminar la cocción, retiramos el aderezo y filtramos el jugo. Llevamos a ebullición 3/4 del mismo. Lo espesamos con la mantequilla batida. Probamos de sal. Añadimos la nata. Volvemos a llevar a ebullición. Se mantiene caliente al baño María.

Cocemos 10 minutos las cebollitas cubiertas de agua con la sal y el azúcar. Las cubrimos con papel de aluminio y una tapadera. Cocemos 10 minutos los champiñones con muy poca agua y un chorrito de limón.

Añadimos el zumo de limón, las cebollas y los champiñones escurridos a la salsa.

Presentamos el conejo en un plato cubierto con la salsa, y servimos en seguida, acompañado de arroz.

Escalopes de conejo con salvado de trigo

4 personas
Preparación: 1 h.
Cocción: 15 min.

238 Kcal
995 Kj

Prot.: 32 g
Líp.: 10 g
Glúc.: 5 g

2 lomos de conejo de 300 g cada uno
Sal, pimienta, hojas de salvia
2 cucharadas de aceite

Salsa con salvado de trigo:
1 cebolla grande, picada
2 dientes de ajo picados
2 cucharadas de aceite de oliva
2 tomates pelados y cortados
3 cucharadas soperas de salvado de trigo
1 dl de mosto de pan
1 cucharada de finas hierbas picadas
Sal, pimienta

Se rehogan en el aceite la cebolla y el ajo. Se agrega el tomate. Se deja haciéndose durante 3 minutos y luego se agrega el mosto de pan y el salvado. Se mezcla. Se sazona y se añaden las finas hierbas. Se reserva caliente.

Se deshuesan los lomos (si no los han deshuesado ya en la tienda). Se preparan los escalopes, se dividen en dos filetes finos y se aplastan. Se sazonan y se fríen en la sartén. Se sacan y se escurren en papel absorbente para eliminar el exceso de grasa.

Se sirven en los platos, junto con la salsa de salvado.

Esta receta es rica en fibras y utiliza una carne magra, el conejo.

Supremas de pollo con sésamo

6 personas
Preparación: 10 min.
Cocción: 10 min.

181 Kcal
756 Kj

Prot.: 27 g
Líp.: 5,5 g
Glúc.: 6 g

6 pechugas de pollo de 125 g
Sal, pimienta
2 cucharadas soperas de mostaza
100 g de semillas de sésamo
Perejil
2 limones

Se doran los granos de sésamo en la sartén o en la parrilla del horno. Tenga cuidado, porque las semillas se tuestan muy rápidamente.

Se fríen las pechugas de pollo, sazonadas por los dos lados, en una sartén antiadherente.

Cuando están fritas, se untan de mostaza y se pasan por los granos de sésamo. Se decoran con trozos de limón y unas hojitas de perejil.

Se sirven acompañadas de tortitas de requesón (véase p. 198).

Supremas de ave con almendras

6 personas
Preparación: 15 min.
Cocción: 10 min.

422 Kcal
1.764 Kj

Prot.: 34 g
Líp.: 28,5 g
Glúc.: 7,5 g

6 pechugas de pollo de 125 g
Sal, pimienta
2 huevos
200 g de almendras picadas o trituradas
2 limones
2 cucharadas soperas de aceite

Se sazonan las pechugas y se saltean 1 minuto de cada lado en una sartén antiadherente.

Se empanan, pasándolas primero por los huevos batidos y luego por las almendras.

Se fríen en la sartén. Se escurren bien, se colocan en platos con trozos de limón y se decoran con hojas de lechuga. Se sirven de inmediato.

Carnes

Escalopes con zumo de hinojo

4 personas	221 Kcal	Prot.: 32 g
Preparación: 15 min.	923 Kj	Líp.: 9 g
Cocción: 5 min.		Glúc.: 3 g

4 escalopes de pollo de 150 g
Sal, pimienta
2 hinojos (400 g)
30 g de margarina o
1 cucharada sopera de aceite

Se pica el hinojo en la picadora.

Se sazonan los escalopes y se doran en una sartén. Se reservan calientes. Vertemos la grasa con 2 dl de zumo de hinojos. Dejamos que se reduzca un poco hasta que los escalopes suelten su propio jugo.

Servimos los escalopes en platos, cubiertos con la salsa.

Dos hinojos (400 g) proporcionan 1/4 l de zumo. Podemos hacer esta receta con cualquier otro jugo de verduras, según la estación, nuestro gusto o nuestra fantasía.

Carnes

Pollo con leche

4 personas Preparación: 25 min. Cocción: de 50 min. a 1 h.	181 Kcal 756 Kj	Prot.: 30 g Líp.: 6,5 g Glúc.: 0,7 g

1 pollo de granja
30 g de jengibre
5 bayas de clavo
1 pizca de comino
1 cucharadita de cilantro
1 pizca de canela
1 pizca de anís
Sal, pimienta
2 l de leche desnatada
2 cebollas
1 zanahoria
2 hojas de laurel
1 ramita de perejil
1 saquito de tilo

Espulgamos el jengibre y lo picamos con todas las demás especias (comino, cilantro, clavo, anís, canela). Las ponemos por dentro y por fuera del pollo.

Se hace hervir la leche con las cebollas enteras, la zanahoria picada, el perejil, el laurel, el tilo, la sal, la pimienta en granos y el resto de las especias. Se pone el pollo a hervir. Se cocina a fuego lento hasta que esté tierno. Se sirve caliente o frío.

De esta manera se pueden cocinar todas las carnes blancas y las aves.

Pollo al vapor

4 personas Preparación: 10 min. Cocción: 1 h.	178 Kcal 744 Kj	Prot.: 30 g Líp.: 6,5 g Glúc.: 0 g

1 pollo de granja
1 pizca de azafrán en polvo
Sal, pimienta
1 pizca de comino en polvo

Se mezclan la sal, la pimienta, el azafrán y el comino. Se condimenta el pollo con esta preparación. Se envuelve en una tela limpia y se pone a cocer al vapor sin destaparlo hasta que esté tierno, es decir, tras 50 minutos o una hora de cocción, según el tamaño del pollo.

Se sirve cortado en trozos, acompañado de verduras.

Carnes  143

Pollo con especias

4 personas	213 Kcal	Prot.: 31 g
Preparación: 15 min.	890 Kj	Líp.: 5,5 g
Cocción: 1 h.		Glúc.: 10 g

1 pollo
2 pizcas de comino
1 pizca de anís
1 pizca de hinojo seco
Sal, pimienta
Zumo de un limón
1 kg de champiñones frescos
Perejil

Se mezclan las especias y se muelen.
Se sazona el pollo con sal, pimienta y las especias. Se coloca en una cazuela de barro (véase receta p. 146 "Pollo a la cazuela") y se mete al horno a 210 °C. Ya cocido, se retira, se corta en trozos y se mantiene caliente.

Se lavan los champiñones y se trocean los más grandes. Se ponen a cocer en un recipiente con tapa, con 1 dl de agua, el zumo de un limón, la sal y la pimienta. Cuando estén cocidos, se agrega una pizca de especias que hayan servido para aliñar el pollo.

Se sirven los trozos de pollo rodeados de champiñones. Se decora con hojitas de perejil.

El pollo debe ser de buena calidad y tener sabor. No dude en utilizar un pollo de granja.

Carnes

Pollo con almendras

4 personas
Preparación: 20 min.
Cocción: 25 min.

486 Kcal
2.031 Kj

Prot.: 41 g
Líp.: 30 g
Glúc.: 13 g

1 pollo
5 cl de aceite
Sal, pimienta
Tomillo
2 hojas de laurel
Clavo
1/2 l de vino blanco
100 g de almendras
2 huevos duros
2 dl de leche desnatada
1 pizca de azafrán
3 dientes de ajo
10 g de mantequilla batida (p. 54)

Se dora el pollo cortado y sazonado en una cacerola antiadherente con un poco de aceite. Se retiran los trozos en cuanto estén dorados, se aparta la grasa y se vuelven a poner. Se agrega el vino, el laurel y el clavo. Se deja durante 25 minutos a fuego lento, con la cacerola tapada.

Se machacan las almendras con el ajo y los huevos duros. Se agrega la leche y el azafrán.

Se retiran los trozos de pollo cuando estén cocidos. Se añade la pasta de las almendras al resto de salsa de cocción del pollo. Llevamos a ebullición y añadimos la mantequilla batida, removiendo todo. Probamos de sal.

Servimos el pollo en platos, cubierto con la salsa.

Se puede sustituir el vino blanco por un caldo de gallina o de soja.

Pollo al heno

4 personas
Preparación: 20 min.
Cocción: 1 h. y 15 min.

235 Kcal
982 Kj

Prot.: 32 g
Líp.: 7 g
Glúc.: 11 g

1 pollo
200 g de heno
2 cebollas
2 zanahorias
2 hojas de laurel
2 bayas de clavo
10 bayas de enebro
1 cucharada de cilantro
Sal, pimienta en granos

Salsa:
1,5 dl de leche desnatada
10 g de mantequilla batida (p. 54)

Flameamos, limpiamos y condimentamos el pollo.

Llenamos una cacerola con 3/4 de litro de agua y ponemos en ella todos los ingredientes, excepto el pollo. Dejamos cocer 1/2 hora. Añadimos el pollo, cubrimos la cacerola y prolongamos la cocción 45 minutos.

Al terminar la cocción, retiramos el pollo. Lo troceamos y lo mantenemos caliente con un poco de caldo.

Se separa 1,5 dl de caldo de la cocción. Se agrega la leche y dejamos cocer 5 minutos más, removiendo. Se agrega la mantequilla batida y se deja al fuego otros 5 minutos, removiendo también. Probamos de sal. Se escurre el pollo y se coloca en una fuente honda de servir. Se baña con la salsa y se acompaña de arroz.

Atrévase a probarlo. Se sorprenderá gratamente. Se puede preparar de la misma manera una pierna de cordero.

Carnes

Pollo a la cazuela

4 personas
Preparación: 15 min.
Cocción: 50 min.

178 Kcal
744 Kj

Prot.: 30 g
Líp.: 6,5 g
Glúc.: 0 g

1 pollo
Sal, pimienta
Tomillo

Si se utiliza la cazuela de barro por primera vez, se debe frotar con ajo por dentro y por fuera, para evitar el sabor de la tierra.

Se sazona el pollo y se coloca en la cazuela. Se tapa. Se mete al horno a una temperatura de 210 °C durante 50 minutos. Se retira al acabar la cocción.

Se pueden cocinar de la misma manera toda clase de aves (codornices, perdices, patos, etc.).

La mejor manera de cocinar un ave tierna y suave, sin tener que incorporar un medio líquido, es metiéndola bien tapada en el horno. Para este fin se emplea la cazuela de barro. Se trata de una fuente de barro cocido que, por su forma, es capaz de contener perfectamente al ave. Antes se debe sumergir la fuente en agua fría durante 30 minutos. El agua absorbida por la arcilla porosa impedirá que el ave se seque.

Pollo a la caponata en cazuela de barro

4 personas
Preparación: 30 min.
Cocción: 50 min.

266 Kcal
1.112 Kj

Prot.: 34 g
Líp.: 6,5 g
Glúc.: 18 g

1 pollo de granja
3 calabacines medianos
2 berenjenas
2 dientes de ajo
1 cebolla
5 tomates
Sal, pimienta
Tomillo
Apio
1 cucharada de alcaparras
1 ramito de perifollo

Se cortan en dados los extremos de los calabacines lavados. Se pelan las berenjenas y se cortan también en dados del mismo tamaño. Se pelan y se pican la cebolla y el ajo. Se pica el apio. Se pelan los tomates, se les quitan las pepitas y se cortan en trozos grandes. Se coloca todo en el fondo de la olla.

Se agrega el pollo. Se condimenta y se tapa. Se mete al horno a 210 °C. Diez minutos antes de terminar la cocción, se añaden las alcaparras y se vuelve a meter al horno.

Se corta el pollo. Se sirve espolvoreado con hojitas de perifollo.

Esta forma de cocinar evita toda materia grasa.

LOS REGÍMENES

La sola mención de la palabra "régimen" parece evocar directamente conceptos como adelgazamiento, frustración, prohibición... Sin embargo, la palabra "régimen", sacada de este contexto tan específico, presenta otras definiciones, ninguna de las cuales guarda relación con el exceso de peso.

Los regímenes se pueden establecer con la intención de adelgazar, pero también se pueden seguir regímenes hiposódicos, hipopotásicos, hiperglucídicos, regímenes blandos, líquidos, sin fibras, sin residuos... Así, resulta bastante evidente que la palabra "régimen" no está sistemáticamente asociada a un exceso de peso.

Una vez establecida esta pequeña precisión semántica, podemos definir el régimen como una forma dirigida de alimentarse.

LOS REGÍMENES HIPOCALÓRICOS

No se puede hablar de uno, sino de varios regímenes hipocalóricos; el régimen estándar no existe, porque no todo el mundo vive y come de la misma manera. Prescribir un régimen para adelgazar constituye un asunto muy serio, tanto para el paciente como para el médico que lo ordena.

He aquí algunos errores que se deben evitar en relación a los regímenes:

— La elaboración de un régimen por uno mismo es un error grave. Una persona no debe nunca decidir sola qué régimen va a seguir, ni siquiera cuando el objetivo sea perder, a lo sumo, unos 2 o 3 kilos. Procediendo de esta manera se corre el riesgo de suprimir alimentos esenciales para el equilibrio, fomentando así la aparición de carencias de vitaminas y minerales. Por otra parte, si la pérdida de esos kilos se ha producido de forma anárquica, la disminución de peso no será duradera.

Lo más indicado es consultar a profesionales, que podrán tener en cuenta todos los parámetros y que le someterán a todo tipo de pruebas. Le aconsejarán un régimen personalizado, y de esta manera cuidarán su salud.

— No siga nunca el régimen de otra persona, ni siquiera si ese régimen le ha sido prescrito por un especialista en nutrición. No se ha elaborado para usted y, por tanto, correría los mismos riesgos que indicamos antes.

— Un régimen puede ser ordenado para un determinado período de tiempo o de por vida. Este período más o menos largo lo establece el médico. Si el régimen debe mantenerse durante un largo tiempo, el paciente debe ser vigilado atentamente.

Un régimen en el que faltan varios elementos o grupos de alimentos debe ser de corta duración. Si fuera prolongado, correría el riesgo de generar carencias múltiples y avitaminosis, con consecuencias a menudo desconocidas.

— No dude en señalar cualquier anomalía, incluso la más anodina, surgida en el transcurso del seguimiento de un régimen indicado por el médico.

— No se deje llevar por los "regímenes milagrosos", promocionados por los medios de comunicación. En cuestiones de alimentación el milagro no existe. Sólamente la confianza en un profesional competente, que se haga cargo de su caso, puede ayudarle a cambiar definitivamente sus malos hábitos alimenticios.

Guiso rápido de cerdo con arroz

6 personas	463 Kcal	Prot.: 28 g
Preparación: 35 min.	1.935 Kj	Líp.: 27 g
Cocción: 15 min.		Glúc.: 27 g

1 kg de carne de cerdo (del solomillo)
600 g de arroz cocido
150 g de menestra de verduras (p. 179)
2 cucharadas de salsa de soja
4 chalotes
1 dl de vino blanco seco
Sal, pimienta molida
1 cucharada de perejil picado

Se corta el cerdo en filetes finos. Se sazonan y se doran en una cacerola antiadherente. Se agregan los chalotes picados y se deja al fuego 3 minutos más. Se desgrasa.

Se añade el vino blanco. Se deja reducir a la mitad y luego se agrega la salsa de soja, el arroz y la menestra de verduras. Se calienta todo. Se comprueba el aliño y se pasa todo a una fuente. Se espolvorea con perejil picado. Se sirve inmediatamente.

Guiso de cerdo con brotes de soja

6 personas	286 Kcal	Prot.: 21 g
Preparación: 15 min.	1.195 Kj	Líp.: 20 g
Cocción: 15 min.		Glúc.: 5,5 g

600 g de carne de cerdo
2 cebollas
1 frasco de brotes de soja
5 cl de vino blanco
5 cl de salsa de soja
2 cucharadas soperas de aceite
Sal de glutamato
Pimienta recién molida
2 pizcas de perejil picado

En una cacerola antiadherente se dora el cerdo desgrasado y cortado en filetes finos. Se agregan las cebollas picadas. Se continúa la cocción hasta que el cerdo adquiera color.

Se agregan los brotes de soja. Se condimenta, y se añade la salsa de soja y el vino blanco.

Después de 3 minutos de hervor, se pasa todo a una fuente honda y se sirve de inmediato, espolvoreado con perejil picado.

La sal de glutamato se vende en las tiendas de productos asiáticos.

Carnes

Costillas de cordero mariscal

6 personas	266 Kcal
Preparación: 20 min.	1.112 Kj
Cocción: 10 min.	
Prot.: 16 g	
Líp.: 14 g	
Glúc.: 19 g	

400 g de carne de cordero (del solomillo)
2 cebollas
1 ramito de perejil
Sal, pimienta
2 cucharadas soperas de aceite
1 paquete de pan rallado
1 limón
picadillo de tomate (p. 54)
2 claras de huevo

Se rehogan las cebollas picadas a fuego lento.

Se mezclan rápidamente la carne de cordero con el perejil y las cebollas. Se condimenta y se divide esta mezcla en seis partes. Con las manos mojadas, se le da forma de costillitas. Se pasan las costillas por las claras de huevo ligeramente batidas y luego por el pan rallado.

Se calienta el aceite en una sartén y se doran las costillitas de cordero hasta que queden crujientes.

Se dispone en cada plato un poco de picadillo de tomate, una costilla decorada con unas hojas de perejil y un trozo de limón. Se sirve inmediatamente.

Carnes

Filetes de ternera a la pimienta con almendras y pasas

6 personas
Preparación: 15 min.
Cocción: 15 min.

405 Kcal
1.693 Kj

Prot.: 30 g
Líp.: 25 g
Glúc.: 15 g

6 filetes de 125 g cada uno
80 g de pasas de Corinto
120 g de almendras picadas
1/2 l de caldo oscuro de ternera (véase p. 49)
1 cucharada sopera de aceite
Sal, pimienta molida
3 cebollas picadas

Se cuecen las pasas 10 minutos en agua hirviendo.

Se salan los filetes y se pasan por la pimienta molida. Se fríen en la sartén antiadherente y se reservan calientes.

Se sofríen suavemente las cebollas, hasta que queden translúcidas. Se agregan las almendras. Se prolonga la cocción a fuego fuerte hasta que se doren las almendras. Se agrega el caldo oscuro y las pasas escurridas. Se prueba de sal.

Se colocan los filetes en los platos. Se bañan con la salsa y se sirven de inmediato, acompañados de verduras de la época.

Receta rica en minerales

Carnes

Filete de buey a los aromas del bosque

4 personas
Preparación: 20 min.
Cocción: 20 min.

232 Kcal
970 Kj

Prot.: 25 g
Líp.: 12,5 g
Glúc.: 5 g

4 filetes (del solomillo)
1 cucharada de aceite
Sal, pimienta
Nuez moscada
150 g de champiñones de bosque cocidos
2,5 dl de cerveza rubia
1 cucharada de vinagre de frambuesa
3 dl de caldo de ave
1 cucharadita de maizena

Se condimentan los filetes y se fríen al gusto de cada uno (crudo, poco hecho, a punto, muy hecho).

Se pican los champiñones cocidos.

Se desgrasa la sartén que se ha utilizado para freír la carne. Se saltean en ella los champiñones, para que suelten el agua que tienen, se agrega la cerveza y el vinagre y se deja reducir un tercio.

Se agregan las 3/4 partes del caldo. Cuando hierve, se añade la maizena diluida en el resto del caldo. Se deja espesar a fuego lento removiendo. Se comprueba el aliño.

Se cubre el plato con la salsa y se colocan los filetes en el centro.

Carnes

Filetes con proteínas de soja

4 personas	220 Kcal	Prot.: 30 g
Preparación: 5 a 8 min.	919 Kj	Líp.: 4,8 g
Cocción: 25 min.		Glúc.: 14 g

300 g de carne de buey magra, picada
50 g de proteínas de soja
75 g de miga de pan integral
1 dl de leche desnatada
1 cebolla grande
1 nuez de margarina
2 cucharadas de perejil picado
Sal, pimienta

Se remoja la miga de pan en la leche. Se exprime y se agrega a la carne picada. Se condimenta.

Se rehoga la cebolla picada en un poco de margarina. Se añade a la carne junto con el perejil y las proteínas de soja. Se hacen filetes y se fríen en una sartén antiadherente con el resto de la margarina.

Se acompaña de cualquier verdura que sea de su agrado.

Las proteínas de soja se venden en las farmacias o en los comercios de productos dietéticos.

El interés de esta asociación es obtener un plato de gran valor proteico sin aumentar los lípidos

Guiso de filete de buey con morillas

4 personas	301 Kcal	Prot.: 31 g
Remojo: 30 min.	1.258 Kj	Líp.: 13 g
Preparación: 15 min.		Glúc.: 15 g
Cocción: 10 min.		

450 g de filete de buey
70 g de morillas secas
Sal, pimienta
1/4 l de caldo oscuro de ternera (véase p. 49)
1/4 l de besamel (p. 55)
2 chalotes picados
5 cl de oporto
1 cucharada sopera de aceite

Se ponen en remojo las morillas en agua tibia durante 30 minutos. Se cortan en dos longitudinalmente y se lavan varias veces en agua abundante.

Se rehogan los chalotes picados en el aceite. Se agregan las morillas y se sofríen 3 minutos. Se condimenta. Se flamea con el oporto. Se agrega el caldo oscuro y la besamel y se continúa la cocción durante 5 minutos más.

Se corta el filete en trozos de 1 cm de ancho. Se condimenta. Se rehogan rápidamente en una cacerola antiadherente. Se sacan y se agregan a la salsa de morillas.

Se colocan en una fuente caliente. Se sirve inmediatamente, acompañado de pastas o de arroz integral.

Carnes   155

Guiso de buey

4 personas	385 Kcal
Remojo: 40 min.	1.609 Kj
Cocción: 20 min.	

Prot.: 33,2 g
Líp.: 13 g
Glúc.: 34 g

450 g de filete de buey
150 g de menestra de verduras
(véase p. 179)
2 cubitos de soja
12 cl de agua
1 cucharada de condimento vegetal
1 cucharada de aceite
300 g de soja fresca, blanqueada
150 g de espaguetis integrales
1 cucharada de gomasio
Sal, pimienta

Se ponen los cubitos de soja en agua y se les da un hervor. Se reservan.

Se cuecen los espaguetis en agua salada hirviendo.

Se trocea el filete de buey y se doran los pedazos en una sartén antiadherente. Se condimenta. Se agregan los espaguetis cocidos y escurridos, la soja, la menestra de verduras, el condimento vegetal y el caldo de soja. Se mezcla, se pone en una fuente y se espolvorea todo con gomasio.

Carnes

Guiso de morcillo de ternera

4 personas	428 Kcal	Prot.: 38 g
Preparación: 30 min.	1.791 Kj	Líp.: 16,5 g
Cocción: 1 h.		Glúc.: 32 g

4 pedazos de morcillo de ternera de 200 g
1 aderezo aromático (p. 49)
8 zanahorias
4 nabos
4 blancos de puerro
1 pequeño apio nabo

Salsa de rábano:
250 g de requesón con 0% de materia grasa
1 cucharada sopera de rábano rallado

Se llena una cacerola de agua fría y se sumerge el morcillo. Se pone a hervir y luego se enfría.

Se juntan en una cacerola los pedazos de morcillo con los demás ingredientes. Se cubre bien de agua, se tapa y se pone a cocer. Se retiran las verduras a medida que se vayan cociendo. Se deja el morcillo.

Mientras tanto, se mezcla el requesón con el rábano. Si fuera necesario, se rectifica el condimento. Se agrega más o menos rábano, según el gusto personal.

Se sirve como un guiso, acompañado de salsa de rábano.

Guiso de molleja de ternera

6 personas	270 Kcal	Prot.: 33 g
Preparación: 20 min.	1.128 Kj	Líp.: 13,5 g
Cocción: 29 min.		Glúc.: 4 g

500 g de mollejas de ternera
500 g de solomillo de ternera cortado en lonchas finas
1 cebolla
5 tomates
1/2 l de caldo oscuro de ternera (véase p. 49)
Sal, pimienta
1 cucharada de aceite
1 cucharada de perejil picado

Se blanquean las mollejas de ternera 10 minutos en agua hirviendo. Se refrescan, se pelan y se cortan en dados de 1 cm de ancho.

Se doran las lonchas de carne de ternera en una sartén antiadherente. Se agregan la cebolla picada y los dados de mollejas de ternera. Dejamos que se haga hasta que la carne tome un color intenso.

Se condimenta. Se agregan los tomates pelados y cortados en trozos y el caldo espesado. Se deja al fuego unos 5 minutos más.

Se coloca en una fuente honda. Se espolvorea con perejil picado y se sirve de inmediato.

Se acompaña de risoto (véase p. 191), por ejemplo.

Brochetas de ternera

8 personas
Remojo: 20 min.
Cocción: 15 min.

176 Kcal
735 Kj

Prot.: 24 g
Líp.: 4,5 g
Glúc.: 10 g

*800 g de escalopes de ternera finos
(3 por persona)
1 riñón de ternera de 200 g
Sal, pimienta
800 g de picadillo de tomate (véase p. 54)
1 cucharada sopera de aceite
Perejil, tomillo*

Se sazonan los escalopes. Se cortan 24 rodajas de riñón y se envuelve cada una en un escalope. Se pinchan en brochetas para que se mantengan firmes. Se fríen las brochetas en sartén antiadherente con un poco de aceite; también se pueden hacer en la parrilla del horno o en la barbacoa. Se doran ambos lados, para que queden bien crujientes.

Se coloca cada brocheta sobre un poco de picadillo de tomate. Se decora con tomillo y perejil. Se sirve inmediatamente.

Receta pobre en lípidos, aunque rica en minerales y vitaminas

Carnes

Costillas de ternera en papillotes de masa fina

4 personas
Preparación: 20 min.
Cocción: 15 min.

324 Kcal
1.354 Kj

Prot.: 31 g
Líp.: 20 g
Glúc.: 5 g

4 costillas de ternera de 180 g
Sal, pimienta
Orégano
4 tomates pequeños
4 hojas de masa fina para papillotes o masa de arroz
1 limón
1 ramito de perejil
4 cucharadas de requesón con 20% de materia grasa
1 cucharada de aceite
1 nuez de margarina

Se condimentan las costillas y se fríen en una sartén con revestimiento antiadherente. Se dejan enfriar.

Se estiran las 4 hojas de masa fina. Se untan de margarina derretida y se doblan en dos. Se coloca una costilla sobre cada hoja. Se recubren las costillas de ternera con rodajas de tomate condimentadas y una cucharada de requesón. Se dobla cada hoja de masa para envolver las costillas. Se colocan en una fuente y se meten al horno 5 minutos a 210 °C, que es el tiempo necesario para que las costillas y la guarnición se calienten y la masa quede bien crujiente.

Se sirve en una fuente, decorada con trozos de limón, ramitos de perejil y una ensalada verde para acompañar.

Se estiran las hojas de masa. Se untan de margarina.

Se pone encima una costilla y la guarnición.

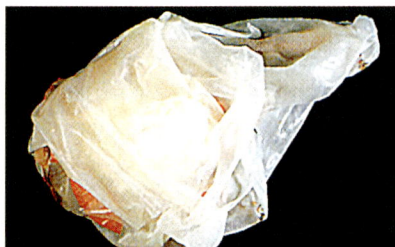
Se envuelve la costilla con la masa.

LAS MARGARINAS

En el mercado se pueden encontrar numerosas clases de margarinas. Las más interesantes para el organismo son las más ricas en ácidos grasos poliinsaturados.

	Saturados	Poliinsaturados	Monoinsaturados
Margarina de girasol	15 a 20	39 a 51	32 a 37
Margarina para untar	26 a 35	21 a 27	28 a 41
Margarina común	25 a 60	5 a 20	25 a 65
Mantequilla	59 a 65	3 a 5	20 a 38

Carnes

Costillas de ternera con camisa

4 personas	327 Kcal	Prot.:	37 g
Preparación: 35 min.	1.366 Kj	Líp.:	15 g
Cocción: 10 min.		Glúc.:	11 g

4 costillas de ternera
Sal, pimienta
4 crêpes saladas (véase p. 48)
250 g de níscalos cocidos
80 g de tomates pelados y sin pepitas
Aceite
Hojas de lechuga

Se fríen las costillas condimentadas en la sartén antiadherente con muy poco aceite. Se retiran y se reservan calientes.

Se pican los níscalos y se mezclan con los tomates cortados en dados. Se distribuye esta mezcla caliente sobre las costillas de ternera. Se envuelve cada una con una crêpe.

Se colocan en platos decorados con hojas de lechuga.

Carnes

Escalopes de ternera a la naranja

| 4 personas
Preparación: 10 min.
Cocción: 4 min. | 280 Kcal
1.170 Kj | Prot.: 30 g
Líp.: 12,5 g
Glúc.: 12 g |

4 escalopes de ternera de 150 g
3 naranjas y 2 limones
Sal, pimienta
1 cucharada de aceite
2 dl de nata ligera
1 cucharada de perejil picado

Se cogen 2 naranjas y 1 limón, se les quita la corteza y se ponen a blanquear en agua hirviendo durante 1 minuto; después se escurren. Se exprimen las frutas.

En una sartén se fríen los escalopes condimentados. Se retiran, se tira la grasa y se cocinan con el zumo de las frutas. Se deja reducir a 1/4.

Se añade la nata y se saca del fuego. Se agregan las cortezas. Se verifican los condimentos.

Se colocan los escalopcs en una fuente. Se cubren con la salsa. Se decoran con finas rodajas acanaladas de naranja y de limón. Se acompaña de patatas cocidas al vapor espolvoreadas con perejil.

Escalopes de ternera a la pimienta rosada

| 6 personas
Preparación: 10 min.
Cocción.: 10 min. | 151 Kcal
631 Kj | Prot.: 25 g
Líp.: 3,5 g
Glúc.: 5 g |

6 escalopes de ternera de 125 g
Sal, pimienta
2 cucharadas de pimienta rosa
1/4 l de salsa besamel (p. 55)
2 cl de cava fino
Cebolleta

Se condimentan los escalopes y se fríen en una sartén antiadherente hasta que estén dorados por ambos lados. Se mantienen al calor. Se tira la grasa de la cocción. Se enfría la sartén con el cava fino, se añade la besamel y la pimienta rosa. Se remueve y se le dan unos hervores.

Se colocan los escalopes en una fuente. Se cubren con la salsa. Se espolvorea sobre ellos un poco de cebolleta finamente picada.

El cava fino no es indispensable.

Carnes

Escalopes de ternera "café de París"

6 personas
Preparación: 35 min.
Cocción: 8 min.

240 Kcal
1.003 Kj

Prot.: 32 g
Líp.: 8,3 g
Glúc.: 9,5 g

6 escalopes de ternera de 150 g
Sal, pimienta
2 cucharadas de aceite
1 pizca de tomillo
1 pizca de romero
1 pizca de salvia
1 pizca de enebro en polvo
1 pizca de mejorana u orégano
1 pizca de serpol
1 cucharadita de paprika
1 cucharadita de curry
1 cucharada rasa de mostaza
1 cucharada de perejil picado
1 diente de ajo picado
1/2 g de azafrán
Unas gotas de salsa Worcestershire
1/2 l de salsa besamel (p. 55)

Se condimentan los escalopes. Se fríen por ambos lados en una sartén antiadherente. Se reservan.

A la salsa besamel caliente se le agrega el perejil, el ajo, la salsa Worcestershire, la sal, la pimienta, el curry, la mostaza y el azafrán. El resto de las especias se muelen en un molinillo de pimienta y se agregan también a la besamel.

Se comprueban los condimentos. Se bañan los escalopes. Se sirve inmediatamente.

Escalopes de ternera florentina

8 personas
Preparación: 20 min.
Cocción: 10 min.

205 Kcal
857 Kj

Prot.: 29 g
Líp.: 9 g
Glúc.: 2 g

8 escalopes de ternera de 125 g
400 g de hojas de espinaca cocidas
1/2 l de salsa besamel (p. 55)
120 g de gruyer rallado
Sal, pimienta
2 cucharadas de aceite

Se sazonan los escalopes y se fríen en una sartén antiadherente. Se retiran cuando estén casi fritos.

Se coloca un poco de espinaca sobre cada escalope y se cubre con la salsa besamel. Se espolvorea con un poco de gruyer rallado. Se gratina bajo la parrilla del horno.

Se sirve de inmediato.

Escalopes marroquíes

4 personas
Preparación: 30 min.
Cocción: 25 min.

453 Kcal
1.893 Kj

Prot.: 36 g
Líp.: 13,5 g
Glúc.: 47 g

4 escalopes de ternera de 125 g
Sal, pimienta
2 cucharadas soperas de aceite
1 lata de garbanzos al natural de 250 g
200 g de picadillo de tomate (P 54)
1 pimiento grande
2 cebollas medianas
2 dientes de ajo
Hojas de menta

Se pelan la cebolla, el ajo y el pimiento sin pepitas. Se rehogan en una sartén que contenga una cucharada sopera de aceite durante 10 minutos a fuego medio; se añaden los garbanzos escurridos, el picadillo de tomate y la menta picada. Se deja a fuego suave unos 10 minutos. Se prueba de sal.

Se fríen los escalopes condimentados en una sartén con una cucharada de aceite.

Se coloca la guarnición de legumbres en una fuente, se ponen escalopes encima y se sirve de inmediato.

Medallones de carne empanados en avellanas, con crema de zanahorias

6 personas	603 Kcal	Prot.: 28 g
Preparación: 30 min.	2.520 Kj	Líp.: 47 g
Cocción: 20 min.		Glúc.: 17 g

12 medallones de solomillo de ternera de 80 g
2 huevos
300 g de polvo de avellanas
Sal, pimienta
500 g de zanahorias
Perejil
2 dl de leche desnatada
1 cucharada de aceite

Se condimentan los medallones de ternera y se empanan, pasándolos por los huevos batidos y luego por el polvo de avellanas, presionar bien para que las avellanas queden bien adheridas.

Durante 10 minutos se cuecen al vapor las zanahorias peladas y cortadas en trocitos. Se pasan por la batidora. Se agrega la leche y se verifican los condimentos. Se mantiene caliente al baño María.

Se fríen los medallones en una sartén antiadherente.

Se pone en cada plato un poco de crema de zanahorias. Se colocan encima dos medallones, una hoja de perejil y se sirve de inmediato acompañado de judías verdes.

Receta rica en lípidos

Carnes

Cuscús rápido

6 personas
Preparación: 45 min.
Cocción: 30 min.

535 Kcal
2.236 Kj

Prot.: 28 g
Líp.: 13,5 g
Glúc.: 76 g

500 g de sémola para cuscús
4 dl de agua
450 g de pierna de cordero o de espaldilla
1 cebolla picada
1/2 pimiento verde
1/2 pimiento rojo
1 calabacín
3 zanahorias
Sal, pimienta
1 cucharada rasa de paprika (pimentón)
400 g de picadillo de tomate (p. 54)
Albahaca fresca

Se cuecen al vapor durante 10 minutos las zanahorias y el calabacín, sin cortarlos.

Se corta la pierna o la espaldilla en pedazos pequeños. Se doran en una sartén antiadherente. Se agrega la cebolla. Cuando los trozos de carne ya están dorados, se sazona con la sal, la pimienta y la paprika. Se remueve y se agrega el picadillo de tomate. Se lleva a ebullición y luego se retira del fuego.

Se condimenta la sémola. Se agrega el agua hirviendo y se mezcla bien. Se deja reposar unos minutos y luego se desgrana. Se pone a cocer en la cacerola a vapor.

Se cortan los pimientos en dados pequeños. Se sofríen en la sartén. Se agregan el calabacín y las zanahorias cortados de la misma manera y con el mismo tamaño. Se añade la albahaca picada cuando se han terminado de freír.

Se distribuye un poco de sémola en una fuente o en un plato grande. Se hace un hoyo en el centro, se coloca la carne, se rodea de las hortalizas y se sirve inmediatamente.

Aparte, se sirve salsa picante.

Carnes 165

Paella al pilpil 	8 personas Preparación: 25 min. Cocción: 45 min.	287 Kcal 1.200 Kj	Prot.: 37 g Líp.: 11 g Glúc.: 10 g

1/2 pollo
1/2 conejo
24 mejillones lavados
300 g de calamares
8 gambas

5 tomates
4 dientes de ajo
1 ramito de perejil
Sal, pimienta
Azafrán

2 pimientos
1 limón
400 g de pilpil
3 cucharadas de aceite

    Se cortan todas las carnes en trocitos. Se doran en aceite. Se agregan los pimientos picados y los calamares cortados y se rehoga todo durante 10 minutos más. Se añaden los tomates cortados en cuatro, el ajo y el perejil picados, la sal, la pimienta, el azafrán y 1 litro de agua o de caldo aromático de pescado (véase p. 49).

    Cuando hierva, se añade el pilpil en forma de lluvia y se deja al fuego 20 minutos. Se agrega 1/2 litro de agua o de caldo. Se mezcla. Se colocan por encima, en forma de estrella, los mejillones y las gambas. Se deja cociendo 10 minutos más a fuego lento, y se sirve.

Guarniciones

Las hortalizas son una importante fuente de vitamina C (vitamina que favorece las defensas del organismo y que participa en la fijación del hierro), de sales minerales (indispensables para el funcionamiento del organismo), de celulosa (necesaria para el buen funcionamiento del tránsito intestinal) y de glúcidos (fundamentales para el funcionamiento de los músculos y del sistema nervioso). Ciertas hortalizas, como los guisantes, son ricas en azúcar, y se deben consumir moderadamente.

Las diferentes formas de presentar las hortalizas (en conservas al natural, frescas o congeladas) no alteran en absoluto su composición.

Guarniciones

Perilla de berenjena

4 personas
Preparación: 40 min.
Cocción: 55 min.

130 Kcal
545 Kj

Prot.: 6,5 g
Líp.: 6,7 g
Glúc.: 11 g

750 g de berenjenas (como 2 piezas)
2 huevos
Sal, pimienta
20 g de mantequilla
4 tomates pequeños

Se pelan las berenjenas, se cortan en rodajas y se cuecen al vapor durante 15 minutos. Se mezclan con los huevos y el condimento.

Se untan de mantequilla unos moldecillos individuales. Se reparte en ellos la preparación. Se mete al horno a 210 °C durante 40 minutos.

Cuando estén hechos, se retiran del molde y se disponen en una fuente o en platos. Se decora la superficie de cada flan con un tomate pequeño pelado y calentado en el horno. Se adorna con perejil, cebolleta o perifollo.

Este plato constituye una excelente guarnición para las carnes (costillitas de cordero, pierna...).

Rollitos de acelga

4 personas
Preparación: 40 min.
Cocción: 40 min.

113 Kcal
472 Kj

Prot.: 7 g
Líp.: 1,7 g
Glúc.: 17,5 g

500 g de acelgas
100 g de blanco de puerro
Sal
5 cl de leche desnatada
1/2 limón
1/4 l de salsa besamel (p. 55)
2 tomates

Se lava el blanco de puerro, se pica y se cuece al vapor.

Se retiran las hojas verdes de las acelgas, se lavan y luego se blanquean 2 minutos en agua hirviendo salada. Se refrescan.

Se pican finamente las pencas de las acelgas. Se lavan. Se cuecen durante 30 minutos en una cacerola con 2 litros de agua, el zumo de 1/2 limón y sal. Se escurren y se agregan a la besamel con el picadillo de puerro y los tomates pelados, sin pepitas, y cortados en dados. Se prueba de sal.

Se estiran las hojas de acelga sobre la mesa. Se reparte en ellas la preparación anterior. Se envuelven las hojas para formar rollitos. Se calientan éstos durante 10 minutos en una olla a presión.

Buen complemento de proteínas para una cena

Guarniciones

Azukis al natural

4 personas	225 Kcal	Prot.: 12,3 g
Remojo: 1 noche.	940 Kj	Líp.: 0,9 g
Preparación: 10 min.		Glúc.: 42 g
Cocción: 1 h.		

250 g de azukis
1 cebolla
1 zanahoria
1 hoja de laurel
1 clavo de olor
Tomillo
Sal
Perejil

Se ponen los azukis en remojo en agua fría la víspera de la preparación.

Al día siguiente se escurren. Se colocan en una cacerola con la cebolla partida en cuartos, la zanahoria picada, el tomillo, el laurel y el clavo. Se cubre con agua abundante y se deja cocer a fuego lento, con la cacerola tapada. Se sala a mitad de la cocción.

Se escurren los azukis y se sirven en una fuente, espolvoreados con perejil picado.

Guarniciones

Escarcelas de champiñones

6 personas
Preparación: 50 min.
Cocción: 30 min.

293 Kcal
1.224 Kj

Prot.: 21 g
Líp.: 7,3 g
Glúc.: 36 g

12 crêpes saladas
300 g de jamón blanco
500 g de champiñones
60 g de mantequilla batida (p. 54)
Sal, pimienta
Cebolleta
1/2 litro de leche desnatada

Se lavan, se limpian y se pican los champiñones. Se ponen a cocer a fuego medio. Se recupera 1/2 litro de agua de la cocción, se agrega la leche y se lleva a ebullición. Se agrega la mantequilla batida, se remueve y se deja cociendo 10 minutos más a fuego lento. Se prueba de sal.

Se corta el jamón en daditos y se agrega a los champiñones. Se rehoga todo en una sartén antiadherente. Se sazona. Se agrega la cebolleta y un cucharón de salsa.

Se coloca una crêpe tibia en un plato y un poco de relleno en el centro. Se cierra como una escarcela y se ata con una hebra de cebolleta. Se mantiene caliente. Se repite la misma operación con todas las crêpes. Se baña el fondo de los platos con la salsa y se sirve de inmediato.

Para esta receta, es mejor utilizar jamón de régimen.

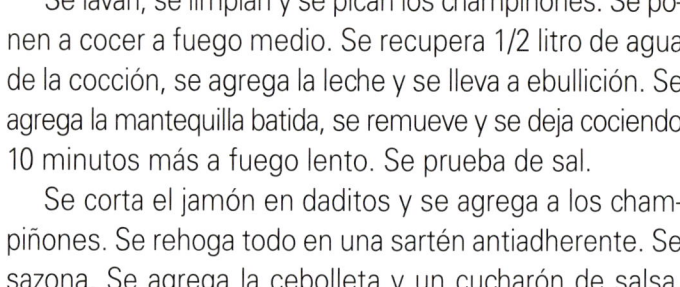

Subrics de champiñones

4 personas
Preparación: 20 min.
Cocción: 5 min.

258 Kcal
1.078 Kj

Prot.: 12 g
Líp.: 8,2 g
Glúc.: 34 g

300 g de champiñones cocidos
200 g de miga de pan
3 dl de leche desnatada
Sal, pimienta
Nuez moscada
2 huevos
2 cucharadas soperas de aceite

Se pone a remojo el pan en la leche. Se escurre. Se mezcla con los champiñones, el condimento y los huevos.

Se fríen tortitas pequeñas en una sartén antiadherente con muy poco aceite. Se les da la vuelta a media cocción. Se retiran y se depositan en un trapo o en papel absorbente.

Se sirve como acompañamiento de un plato de carne.

Buen complemento proteico para la noche

Guarniciones

Pequeñas terrinas de champiñones

6 personas	61 Kcal	Prot.: 5,5 g
Preparación: 25 min.	255 Kj	Líp.: 2,6 g
Cocción: 20 min.		Glúc.: 4 g

500 g de champiñones cocidos
3 claras de huevo
5 cl de leche desnatada
Sal, pimienta y comino molido
20 g de mantequilla para los moldecitos

Se mezclan los champiñones con el condimento, las claras de huevo y la leche.

Se reparte la preparación en pequeños moldecitos individuales untados de mantequilla. Se cuecen al baño María en el horno, a 180 °C.

Se sacan del horno y se desmoldan directamente en los platos. Se sirven como acompañamiento de un plato de carne o de pescado.

Para una presentación especial, se puede verter la preparación en un molde en forma de corona y adornar el centro con un puré de zanahoria o de espinaca, que se dispondrá con una manga de decorar de pico acanalado.

Guarniciones

Tortitas de repollo

8 a 10 personas
Preparación: 40 min.
Cocción: 20 min.

244 Kcal
1.019 Kj

Prot.: 8,6 g
Líp.: 10 g
Glúc.: 30 g

1 repollo (700 g)
80 g de margarina
300 g de harina integral
4 huevos
2 dl de leche desnatada
Sal, pimienta
Nuez moscada
Comino

Se corta el repollo. Se rehoga en una olla tapada, con una nuez de margarina, removiendo de vez en cuando. Se condimenta. Se calculan 20 minutos de cocción. Se aparta.

Se mezclan la harina, los huevos, la leche y los condimentos. Se agrega el repollo cocido.

Se calienta la sartén con la margarina. Se colocan montoncitos de la preparación de repollo con la ayuda de dos cucharas. Se aplastan para formar tortitas. A media cocción, se les da la vuelta. Se sirve inmediatamente.

Se pueden sustituir dos de los huevos enteros por dos claras.

Tortitas ricas en fibras

Abanicos de calabacín

6 personas
Preparación: 15 min.
Cocción: 40 min.

66 Kcal
276 Kj

Prot.: 3 g
Líp.: 0 g
Glúc.: 13,5 g

6 calabacines (aprox. 1 kg)
6 tomates (aprox. 500 g)
Sal, pimienta
Tomillo

Se cortan las extremidades de los calabacines. Se lavan. Se abren a lo largo en 4 ó 5 lonchas, sin llegar a separarlas. Se intercalan entre cada loncha unas rodajas de tomate. Se condimentan y se envuelve cada calabacín en una hoja de papel de aluminio. Se cuece al vapor durante 40 minutos.

Se retira el papel de aluminio al terminar la cocción. Se sirve como acompañamiento de un plato de carne o de pescado.

Guarniciones

Pepino al comino

4 personas	56 Kcal	Prot.: 2 g
Preparación: 25 min.	234 Kj	Líp.: 2,5 g
Cocción: 20 min.		Glúc.: 6,5 g

1 pepino grande (400 g)
400 g de tomates
Sal, pimienta
Comino
1 cucharada de gomasio
Hojas de menta picadas
1 cucharada de aceite

Se pelan y se despepitan el pepino y los tomates. Se cortan en dados pequeños.

Se saltean los dados de pepino en una sartén durante aproximadamente 15 minutos, y luego se agregan los tomates cortados. Se deja cociendo 5 minutos más. Se agrega la menta y se condimenta.

Se coloca en una fuente para gratinar y se espolvorea con gomasio.

Terrina de puerros

8 personas	92 Kcal	Prot.: 5,6 g
Preparación: 40 min.	384 Kj	Líp.: 5,3 g
Cocción: 35 min.		Glúc.: 5,6 g

600 g de puerros
50 g de mantequilla ligera
4 huevos
Sal, pimienta
Nuez moscada

Se pelan y se lavan los puerros. Se separa lo blanco de lo verde. Se cuecen los blancos enteros al vapor o en abundante agua salada durante 15 minutos. Se escurren.

Se pica la parte verde de los puerros. Se cuecen en una olla tapada durante 15 minutos, con la mantequilla, 1 dl de agua y la sal. Se pasa por la batidora. Se retiran 400 g y se agregan los huevos. Se rectifican los condimentos. Se vierte en un molde de pastel untado de mantequilla, repartiendo en medio los blancos de puerro. Se mete 35 minutos en el horno, a 200 °C.

Si la terrina se enfría antes de desmoldar su contenido, logrará una cuidadosa presentación. De este modo, se pueden cortar rodajas regulares, que sólo será necesario recalentar suavemente.

Tortitas de patatas

Para 12 tortitas
Preparación: 15 min.
Cocción: 6 min.

Por pieza:
66 Kcal
276 Kj

Prot.: 2,2 g
Líp.: 2,6 g
Glúc.: 8,5 g

300 g de patatas
25 g de perejil
100 g de cebollas
2 huevos
40 g de harina
Sal, pimienta
Nuez moscada
2 cucharadas de aceite

Se lavan y se pelan las patatas. Se pelan las cebollas. Durante 30 segundos, se pasan por la batidora las cebollas cortadas en cuatro y el perejil. Se agregan las patatas troceadas, el condimento, la harina y los huevos enteros. Se deja de batir cuando la preparación aún no esté completamente líquida.

Se calienta el aceite en una sartén antiadherente. Se vierten unas cucharadas de la preparación anterior. Se aplasta esa masa y se dora 3 minutos de cada lado. Se deposita en un trapo o en papel absorbente. Se sirve bien caliente.

Patatas estofadas

10 personas
Preparación: 20 min.
Cocción: 1 h.

206 Kcal
861 Kj

Prot.: 4,7 g
Líp.: 0 g
Glúc.: 4,7 g

2 kg de patatas
1/2 l de vino blanco
450 g de cebolla
2 hojas de laurel
2 cucharadas de perejil picado
Sal, pimienta

Se pelan las patatas. Se lavan y se cortan en láminas. Se colocan en una cazuela con las cebollas cortadas, el vino blanco, el laurel, la sal y la pimienta. Se tapa y se mete al horno, a 210 °C durante una hora.

Se saca la cazuela del horno y se vierte la preparación en una fuente. Se espolvorea con perejil picado y se sirve de inmediato.

Se puede sustituir el vino blanco por caldo de gallina, de buey o de soja.

Patatas nuevas con rabanitos

4 personas	173 Kcal	Prot.: 3 g
Preparación: 25 min.	723 Kj	Líp.: 5 g
Cocción: 20 a 25 min.		Glúc.: 29 g

250 g de rabanitos limpios, sin hojas
1/4 l de caldo de gallina
1 dl de vinagre
1 hoja de laurel
500 g de patatitas nuevas
2 cucharadas de aceite
Sal, pimienta
1 manojo de cebolla

En una cacerola se ponen los rabanitos, el caldo, el vinagre, el laurel y la sal; se pone a cocer de 20 a 25 minutos.

Se blanquean las patatas peladas en agua hirviendo durante 5 minutos. Se escurren y se rehogan en el aceite. Al terminar la cocción, se agregan los rabanitos, se mezcla todo y se condimenta.

Se coloca en una fuente con la ayuda de una espumadera, escurriendo bien para evitar que pase el aceite.

Se espolvorea con cebolleta. Se sirve de inmediato.

Se puede sustituir el caldo por 1/4 l de agua y 1 cubo de soja.

Puré con ajo

4 personas	136 Kcal	Prot.: 5 g
Preparación: 20 min.	568 Kj	Líp.: 0 g
Cocción: 20 a 30 min.		Glúc.: 29 g

300 g de patatas
180 g de ajo pelado
Sal, pimienta
Nuez moscada
1 dl de leche desnatada

Se lavan y se pelan las patatas y se ponen a cocer en abundante agua hirviendo, junto con el ajo pelado. Se escurre todo al terminar la cocción. Se pasa por el pasapurés. Se agrega la leche y se sazona. Se forma un timbal con el puré. Se sirve bien caliente.

El ajo es rico en yodo

Guarniciones

Tomates rellenos

6 personas	198 Kcal	Prot.: 7 g
Preparación: 30 min.	827 Kj	Líp.: 6 g
Cocción: 25 min.		Glúc.: 29 g

6 tomates
250 g de cebollas
150 g de arroz
Sal, pimienta
1 rama de tomillo
1 hoja de laurel
1 cubo de soja
50 g de gruyer rallado
2 cucharadas de aceite
1,5 dl de leche desnatada

Se corta una tapita a cada tomate. Se vacían.
Se rehogan las cebollas picadas en el aceite durante 5 minutos. Se agrega el arroz (medir el arroz y calcular una vez y media su volumen de agua). Se revuelve el arroz en la cacerola durante un minuto y luego se agregan el agua, los condimentos, el tomillo y el laurel. Se tapa la cacerola y se deja cociendo 15 minutos.

Se sacan el tomillo y el laurel. Se pasa por la batidora la preparación, se agrega la leche y se verifica el condimento.

Se rellenan los tomates. Se espolvorea con el queso rallado y se gratina en el horno 5 minutos.

Buen complemento proteico para la noche

Tomates esponjosos

6 personas	111 Kcal	Prot.: 9,4 g
Preparación: 25 min.	463 Kj	Líp.: 5,7 g
Cocción: 20 min.		Glúc.: 5,5 g

6 tomates
1 dl de besamel bien espesa (véase p. 55)
60 g de queso parmesano (opcional)
3 huevos
1 cucharada de concentrado de tomate
Sal, pimienta
Nuez moscada

Se lavan y se vacían los tomates. Se salan y se colocan en una rejilla para que se maceren.

Se agregan las yemas de huevo a la besamel caliente, junto con el parmesano (opcional), el tomate concentrado y las claras de huevo a punto de nieve.
Se rellenan los tomates.
Se meten al horno a una temperatura de 150 °C durante unos 20 minutos.
Se retiran cuando el relleno esponjoso esté listo.

Guarniciones

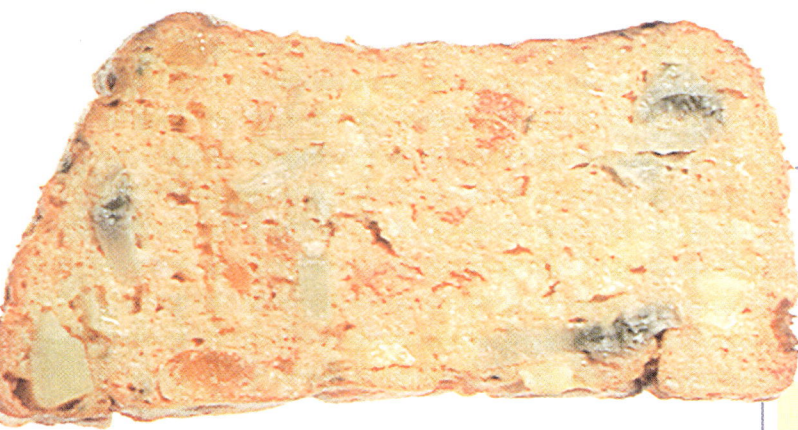

Terrina de tomates

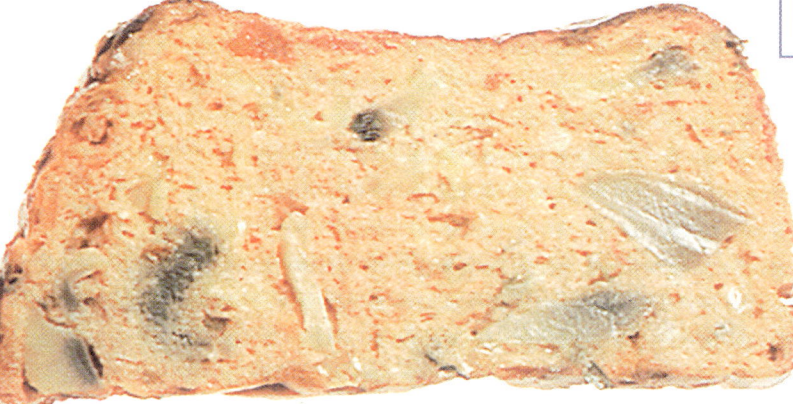

6 a 8 personas
Preparación: 40 min.
Cocción: 1 hora.

215 Kcal
898 Kj

Prot.: 14 g
Líp.: 11 g
Glúc.: 15 g

150 g de champiñones cocidos
650 g de picadillo de tomate (véase p. 54)
1/4 l de salsa besamel (p. 55)
6 huevos
Estragón
100 g de queso edam
20 g de margarina
4 chalotes

Se rehogan los chalotes picados en la margarina. Se agregan los champiñones cortados, el picadillo de tomate, la besamel, los huevos, el estragón picado y el queso rallado. Se mezcla bien todo. Se vierte la preparación en un molde de pastel untado de mantequilla y se cuece en horno caliente, a 220 °C, durante una hora más o menos.

Se sirve cortado en rodajas y, de forma opcional, decorado con salsa de tomate.

Torta de hortalizas

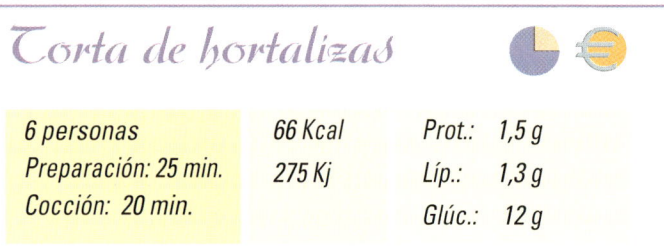

6 personas	66 Kcal	Prot.: 1,5 g
Preparación: 25 min.	275 Kj	Líp.: 1,3 g
Cocción: 20 min.		Glúc.: 12 g

125 g de zanahorias
125 g de apio
200 g de patatas
1 calabacín
Sal, pimienta del molinillo
1 nuez de margarina

Se lavan las hortalizas. Se rallan con un rallador grueso, pero no se mojan después. Se sazonan con sal y pimienta. Se mezclan.

Se calienta una nuez de margarina en una sartén antiadherente, se añaden las hortalizas y se aplastan. Se cuece a fuego medio; se le da la vuelta a la torta, haciéndola resbalar apoyada en una fuente para evitar que se rompa, y se dora por el otro lado. Hay que calcular 10 minutos de cocción por cada lado. Se desliza en una fuente apropiada y se sirve de inmediato.

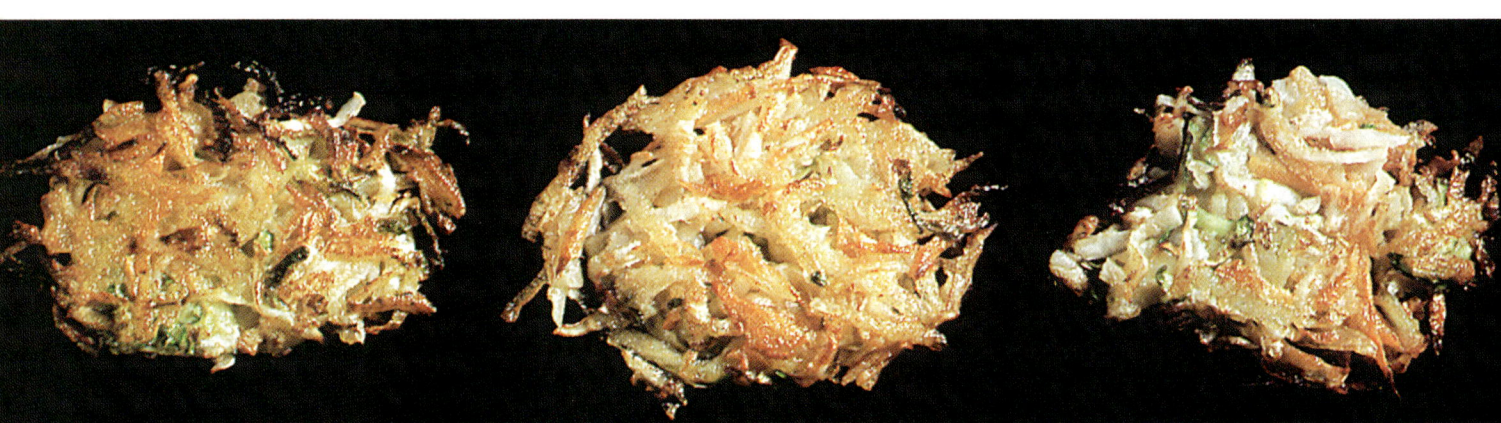

Gratinado de verduritas

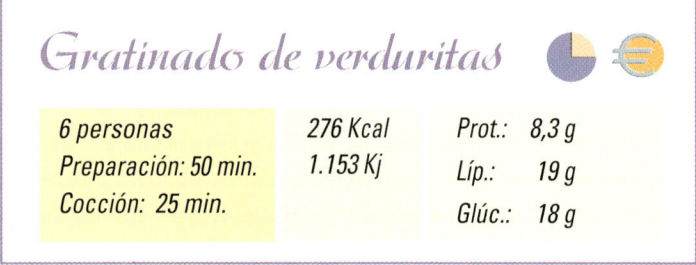

6 personas	276 Kcal	Prot.: 8,3 g
Preparación: 50 min.	1.153 Kj	Líp.: 19 g
Cocción: 25 min.		Glúc.: 18 g

200 g de zanahorias
200 g de apio
200 g de calabacines
2 cebollas
1/2 l de salsa besamel (p. 55)
60 g de gruyer rallado (opcional)
Sal, pimienta
100 g de margarina

Se lavan todas las hortalizas. Se pelan, salvo los calabacines, y se cortan en bastoncitos.

Se cuecen todas las hortalizas por separado en agua salada hirviendo o al vapor. Se escurren, se mezclan y se condimentan.

Se rehogan las cebollas picadas en una nuez de margarina. Cuando estén transparentes, se agregan las hortalizas. Se mezclan y se distribuyen en una fuente para gratinar. Se agrega la salsa besamel y se espolvorea con gruyer (esto último es opcional). Se mete al horno para calentar, durante 15 minutos, a 200 °C.

Guarniciones

Menestra de verduras

4 personas (800 g)
Preparación: 25 min.
Cocción: 25 min.

109 Kcal
455 Kj

Prot.: 3 g
Líp.: 5 g
Glúc.: 13 g

200 g de hinojo
200 g de zanahorias
200 g de apio
200 g de calabacines
2 cucharadas de aceite
Sal, pimienta

Se lavan y se pelan las hortalizas, salvo los calabacines. Se cortan en bastoncillos.

Se calienta el aceite en una cacerola. Se agregan todas las hortalizas, salvo los calabacines; se condimenta y se deja cocer suavemente, tapado, removiendo de vez en cuando. Cuando las hortalizas estén casi cocidas (después de unos 15 minutos), se agregan los calabacines y se termina la cocción.

Se rectifica el condimento, y se sirve inmediatamente.

Perlas multicolores de hortalizas

4 personas
Preparación: 1 hora.
Cocción: 15 min.

61 Kcal
255 Kj

Prot.: 2,3 g
Líp.: 0 g
Glúc.: 13 g

200 g de apio nabo
300 g de zanahorias
400 g de calabacines
Sal, pimienta.

Para la realización de esta receta, se necesita una cucharilla para cortar perlas de patatas. En su defecto, se puede utilizar una cucharilla, pero el resultado será menos fino.

Se lavan todas las hortalizas. Se pelan el apio y las zanahorias. Se deja la piel a los calabacines. Se cortan bolitas de hortalizas. Se cuecen por separado todas las hortalizas en agua salada hirviendo o al vapor. Se sacan cuando aún estén crujientes.

Se mezclan y se condimentan. Se sirven inmediatamente.

Los restos de las hortalizas se pueden utilizar para hacer purés, sopas o ahuecados de hortalizas.

Guarniciones

Flan de calabacines

8 personas	105 Kcal	Prot.: 7 g
Preparación: 20 min.	439 Kj	Líp.: 3,7 g
Cocción: 20 min.		Glúc.: 11 g

1.200 g de calabacines
4 huevos
1/4 l de leche desnatada
Sal, pimienta
Nuez moscada
Tomillo
1 diente de ajo picado
Gruyer rallado (opcional)
20 g de mantequilla ligera

Se cuecen los calabacines lavados y cortados, sin pelar, en abundante agua salada o al vapor. Se escurren y se sazonan. Se colocan en una fuente de gratinar untada de mantequilla, con el ajo picado.

Se baten bien los huevos con los condimentos. Se agrega la leche. Se vuelca la mezcla sobre los calabacines. Si se desea, se espolvorea con el gruyer rallado. Se cuece en el horno durante unos 20 minutos a 200 °C.

Flanes de maíz

6 personas	488 Kcal	Prot.: 17 g
Preparación: 15 min.	2.039 Kj	Líp.: 7,6 g
Cocción: 20 min.		Glúc.: 88 g

400 g de granos de maíz
3 huevos
2 dl de leche desnatada
Sal, pimienta
Nuez moscada
6 mazorcas de maíz pequeñas
1 manojo de perifollo

Se pasan por la batidora todos los ingredientes menos las mazorcas de maíz pequeñas y el perifollo.

Se vierte el líquido en moldecitos individuales untados de mantequilla (o en un molde de bizcocho, en cuyo caso se prolongará la cocción durante 10 minutos). Se cuece 20 minutos en el horno, al baño María, a 180 °C. Para comprobar si está cocido, se pincha con una varilla, que debe salir seca.

Se cuecen las mazorcas de maíz pequeñas al vapor o en abundante agua salada. Se escurren al terminar la cocción.

Se ponen los flanes en una fuente, junto con las mazorcas de maíz pequeñas y con hojitas de perifollo.

Flanes de pimiento verde con crema de pimiento rojo

4 personas
Preparación: 15 min.
Cocción: 40 min.

221 Kcal
923 Kj

Prot.: 13 g
Líp.: 11,7 g
Glúc.: 16 g

350 g de pimientos verdes
2 cucharadas de aceite
1/2 l de leche desnatada
2 huevos
Sal, pimienta cayena
350 g de pimientos rojos
Mantequilla para los moldes
12 tomates miniatura amarillos

Se despepitan los pimientos verdes y luego se cortan en trozos grandes. Se rehogan 5 minutos en 1 cucharada sopera de aceite. Se agrega 1/4 litro de leche, se tapa la cacerola y se deja cociendo 20 minutos a fuego mínimo.

Se pasa todo por la batidora. Se hace lo mismo para preparar la crema de pimientos rojos. Se reserva.

Se agregan los huevos al pimiento verde, se pasa por el pasapurés. Se rectifican los condimentos. Se vierte el líquido en varios moldecitos untados de mantequilla. Se pone a cocer 20 minutos en el horno, a 220 °C, al baño María.

Se sirven sin molde, rodeados de la crema y decorados con los tomates miniatura amarillos.

Flanes de soja

6 personas
Preparación: 15 min.
Cocción: 20 min.

76 Kcal
317 Kj

Prot.: 6,7 g
Líp.: 4,4 g
Glúc.: 2,4 g

1/2 l de leche de soja
Sal, pimienta
Nuez moscada
3 huevos

Se pone a hervir la leche de soja con el condimento. Se vierte sobre los huevos batidos. Se distribuye la preparación en moldecillos individuales. Se mete al horno a 210 °C, al baño María. Para comprobar la cocción, se pincha con una varilla, que debe salir seca. Se sacan del molde. Acompañan a la carne o al pescado.

Guiso de hortalizas a la japonesa

4 personas
Preparación: 25 min.
Cocción: 15 min.

122 Kcal
510 Kj

Prot.: 4,5 g
Líp.: 5,1 g
Glúc.: 14,5 g

80 g de puntas de coliflor
80 g de guisantes frescos
80 g de brotes de bambú
2 zanahorias en cubitos
1 pimiento verde en cubitos
1/4 de repollo chino cortado
1 cebolla y 1 cebolleta
20 puntas de espárragos
125 g de champiñones pequeños
2 cucharadas de aceite
Sal, pimienta
2 cucharadas de salsa de soja
2 cucharadas de sake
20 g de jengibre

Se calienta el aceite en una sartén antiadherente. Se rehoga la cebolla y el jengibre picado. Se agregan las otras hortalizas. Se saltea todo durante unos 10 minutos.

Se añade la salsa de soja y el sake. Se cuece 2 minutos más. Se verifican los condimentos.

Se sirve en una fuente poco profunda, espolvoreado de cebolleta picada.

Salteado de hortalizas a la china

6 personas
Preparación: 30 min.
Cocción: 10 min.

66 Kcal
276 Kj

Prot.: 3 g
Líp.: 3,8 g
Glúc.: 5 g

200 g de soja fresca
150 g de hinojo marino
1/2 repollo chino
Sal, pimienta
Comino
1 pizca de 5 especias
2 cucharadas de salsa de soja
2 cucharadas de aceite

Se limpia y se lava el hinojo marino. Se eliminan las partes duras. Se le da un hervor para blanquearlo. Se refresca. Se blanquea la soja del mismo modo y se refresca.

Se coge el repollo y se le quitan los tallos gruesos de la base; se corta fino. Se rehoga en el aceite y luego se deja cociendo tapado a fuego medio (hay que calcular de 5 a 8 minutos de cocción). Se agrega el hinojo marino y la soja. Se condimenta. Cuando todo está bien caliente, se escurre y se coloca en una fuente de servir.

Este plato es ideal para acompañar un pescado cocido al vapor.

Los cereales

Productos	Preparación anterior	Volumen de agua	Iniciar con agua…	Tiempo de cocción	Reposo posterior (aumento de volumen)	Para consumir	Rico en
TRIGO	tostar en horno caliente durante 10 minutos	6 veces el volumen	tibia	4 h. a fuego lento	5 min.	en croquetas, en escalopes	magnesio, fósforo, cobre, hierro, flúor, vitaminas, B1, PP, E
COPOS DE AVENA	tostar en un poco de materia grasa	4 cucharadas por l de agua	hirviendo	10 min. a fuego lento	5 min.	en sopa, en tortita, como postre	calcio, magnesio fósforo
LENTEJAS		4 veces el volumen	fría	20 min. a fuego lento	no	en ensalada, como guarnición	muy ricas en hierro, magnesio calcio
MIJO	tostar los granos en seco unos minutos	3 veces el volumen	hirviendo	10 min.	5 min.	como guarnición, en gratinados	fósforo, magnesio hierro, flúor provitamina A, sílice
CEBADA PERLADA		3 veces el volumen	hirviendo	15 min.	10 min.	en sopa, con hortalizas	vitaminas B12, PP, hierro, cobre, fósforo
PASTAS INTEGRALES		4 veces el volumen	7 min.	5 min.	como guarnición	fibras	
PILPIL DE ARROZ		3 veces el volumen	hirviendo	fino: 2 min. grueso: 5 min.	5 min.	solo, con hortalizas (con levadura) como guarnición, en croquetas	igual que el trigo
PILPIL DE TRIGO		2 veces el volumen	hirviendo	2 min. a fuego lento	5 min.	en ensalada mixta	igual que el arroz
ARROZ INTEGRAL		3 veces el volumen	hirviendo	30 min.	10 min.	como guarnición	magnesio, hierro, calcio, vitaminas PP, B6
TRIGO SARRACENO	tostar los granos en seco	3 veces el volumen	hirviendo	10 min.	5 min.	como guarnición, en croquetas, en relleno de hortalizas	calcio, sodio, magnesio, flúor, vitamina PP
SÉMOLA		1/2 l por cada 100 g	hirviendo	5 min., removiendo	5 min.	en sopa, como guarnición salada o dulce	fósforo magnesio
SOJA VERDE		3 veces el volumen	fría	35 min.	no	en ensalada caliente con arroz integral	proteínas, aminoácidos, magnesio, fósforo, calcio

Cereales

Guiso de trigo con puerro

8 personas
Preparación: 30 min.
Cocción: 1 h.

164 Kcal
685 Kj

Prot.: 10 g
Líp.: 4 g
Glúc.: 22 g

350 g de blancos de puerro
250 g de trigo para germinar
1/4 l de salsa besamel (p. 55)
Sal, pimienta
Nuez moscada

Se lava el trigo. Se cuece durante una hora en la olla a presión. Se limpia, se lava y se corta en láminas el puerro. Se hace estofado.

Se mezcla el puerro escurrido con el trigo y la besamel. Se calienta y se sirve.

Cereales

Burgol con hortalizas

6 personas
Preparación: 20 min.
Cocción: 20 min.

160 Kcal
668 Kj

Prot.: 6,6 g
Líp.: 1 g
Glúc.: 31 g

200 g de burgol
100 g de judías verdes frescas, cocidas
2 zanahorias cocidas y cortadas en daditos
150 g de puntas de coliflor cocidas
100 g de cabezas de champiñones cocidas
100 g de granos de maíz cocidos (en lata)
Sal, pimienta

Se cuece el burgol en dos veces y media su volumen de agua. Se escurre.

Se agregan todas las hortalizas, después de calentarlas unos minutos a fuego lento. Se mezcla y se rectifican los condimentos. Se sirve como plato único o como acompañamiento de una carne.

Si no encuentra el burgol, que es una especie de sémola de trigo más gruesa que la que conocemos, puede sustituirlo por ésta.

Tortitas de burgol

4 personas
Preparación: 20 min.
Cocción: 25 min.

521 Kcal
2.177 Kj

Prot.: 23 g
Líp.: 17 g
Glúc.: 69 g

200 g de burgol
Sal
180 g de harina integral
3 huevos
1 dl de leche desnatada
2 cucharadas de finas hierbas
80 g de gruyer rallado
2 cucharadas de aceite o una nuez de margarina

Se cuece el burgol a fuego moderado en el equivalente en agua a dos veces su volumen. Se escurre.

Se mezcla la harina, los huevos, la leche y el condimento. Con todo ello se hace una pasta un poco espesa, se agrega el burgol, las finas hierbas picadas y el queso.

Se hacen las tortitas, cogiendo un poco de pasta con la ayuda de dos cucharas. Se depositan en una sartén antiadherente con un poco de aceite y se doran por los dos lados. Se retiran y se colocan sobre un trapo para que escurran.

Se pueden servir como guarnición de hortalizas, o como plato único con una ensalada verde.

Cereales

Spätzle integrales con azafrán

4 personas	349 Kcal	Prot.: 13 g
Preparación: 20 min.	1.458 Kj	Líp.: 7,7 g
Cocción: 10 min.		Glúc.: 57 g

300 g de harina de espelta
3 huevos
2 dl de agua
1 pizca de azafrán
Sal, pimienta
Nuez moscada
1 cucharada de aceite

Se mezclan todos los ingredientes, excepto el aceite, hasta formar una masa.

Se pone a hervir agua salada en una cacerola grande. Se pasa la masa por un rallador de hortalizas, con la parte de orificios grandes, y se dejan caer los hilitos al agua. Cuando los hilos suben a la superficie, se dejan cociendo un minuto antes de sacarlos y sumergirlos de inmediato en agua helada. Se escurren, se saltean en una sartén antiadherente para que se doren y queden crujientes.

La harina de espelta se vende en establecimientos de alimentación dietética.

Timbal de espelta

6 personas	273 Kcal	Prot.: 9 g
Preparación: 10 min.	1.141 Kj	Líp.: 5 g
Cocción: 45 min.		Glúc.: 48 g

400 g de espelta
1 cubo de soja
2 cebollas (150 g)
2 cucharadas de aceite
Sal, pimienta
Laurel
Tomillo

Se pican las cebollas y se rehogan en el aceite. Se agrega la espelta. Se rehoga todo un minuto más. Se vierte 1 litro y 1/4 de agua, la soja y el condimento. Se deja cocer, tapado, unos 40 minutos.

Se vierte en una fuente de servir o, si se prefiere, se le da forma en pequeños moldes; se desmolda en los platos.

A esta preparación se le pueden añadir hortalizas cocidas, cortadas en dados pequeños, jamón magro, carne cortada en finas lonchas o queso rallado. También se le da aroma con shoyu o tamari, o se espolvorea con gomasio en el momento de servir.

Pilaf de harina de avena tostada

4 personas	236 Kcal	Prot.: 7,6 g
Preparación: 10 min.	986 Kj	Líp.: 5,1 g
Cocción: 1 h. en olla a presión		Glúc.: 40 g

250 g de harina de avena tostada
1 cebolla
1 nuez de margarina
Tomillo y 1 hoja de laurel
Sal

Se rehoga la cebolla picada en la nuez de margarina. Se agrega la harina de avena tostada, se mezcla y se agrega dos veces y media su volumen de agua. Se agrega el laurel, el tomillo y la sal. Se cierra la olla y se cuece durante una hora.

Se coloca en una fuente y se sirve bien caliente.

Para una presentación especial, se puede poner esta preparación en moldecitos individuales, que se desmoldarán en cada plato.

Cebada con algas iziki y tamari

4 personas	248 Kcal	Prot.: 5,3 g
Remojo: 1 noche.	1.036 Kj	Líp.: 2,6 g
Preparación: 20 min.		Glúc.: 51 g
Cocción: 40 min.		

250 g de cebada
30 g de iziki
2 cucharadas de tamari
1 cebolla grande
2 cucharadas de perejil y de cebolleta picados
1 nuez de margarina
Sal, pimienta

Se pone la cebada en remojo toda la noche.

Se cuecen las algas en abundante agua. Se cuece la cebada durante 40 minutos en abundante agua salada. Se escurre, se agregan las algas cocidas, la cebolla picada y rehogada en margarina, las hierbas y la salsa tamari. Se prueba de sal.

Este acompañamiento es muy adecuado para servirlo con un pescado, por ejemplo.

Pastas a la provenzal

6 personas	288 Kcal	Prot.: 9,5 g
Preparación: 10 min.	1.203 Kj	Líp.: 9 g
Cocción: 10 a 15 min.		Glúc.: 42,4 g

300 g de pastas a elegir
200 g de picadillo de tomate (véase p. 54)
100 g de jamón crudo
10 hojas de albahaca
Ajo, sal, pimienta
30 g de margarina

Se cuecen las pastas en gran cantidad de agua hirviendo, salada. Se corta el jamón crudo en daditos, se pican el ajo y la albahaca y se mezclan los tres ingredientes. Se rehogan en una sartén en una nuez de margarina.

Se agrega el picadillo de tomate y se deja cociendo 5 minutos. Se vuelcan encima las pastas escurridas, se mezcla todo y se sirve bien caliente.

Risoto al tomate

6 personas	342 Kcal	Prot.: 13 g
Preparación: 30 min.	1.429 Kj	Líp.: 9,6 g
Cocción: 20 min.		Glúc.: 51 g

300 g de arroz integral
700 g de picadillo de tomate (p. 54)
1 dl de vino blanco seco
Sal, pimienta
1 rama de tomillo
150 g de parmesano o de gruyer rallado (optativo)
1 cebolla
1 cucharada de aceite

Se rehoga la cebolla picada en el aceite. Se agrega el arroz, se deja calentar unos instantes, sin dejar de remover. Se agrega una vez y media el volumen de agua, con el tomillo y la sal. Se cuece tapado unos 20 minutos.

Se agrega el vino blanco, el picadillo de tomate y, si se desea, el queso rallado. Se mezclan los ingredientes unos instantes a fuego lento.

Se dispone en una fuente honda y se sirve de inmediato.
Se puede sustituir el parmesano o el gruyer por un queso de menor contenido graso.

Cereales

Pilaf de trigo sarraceno

8 personas
Preparación: 10 min.
Cocción: 15 min.
Reposo: 45 min.

121 Kcal
505 Kj

Prot.: 3,5 g
Líp.: 3 g
Glúc.: 20 g

2 cebollas
250 g de trigo sarraceno
1 l de agua
Sal, Tomillo, laurel
2 cucharadas de aceite

El trigo sarraceno es una planta herbácea también conocida como trigo negro. Sus granos son ricos en proteínas, minerales, y en vitaminas del grupo B. Es un poderoso remineralizante.

Se rehogan las cebollas picadas en el aceite. Se añade el trigo sarraceno. Se mezcla bien. Se agrega el agua, la sal, una hoja de laurel y una rama de tomillo. Se cuece con tapa durante 15 minutos. Se deja reposar 45 minutos, en la olla tapada.

A este plato se le puede añadir menestra de verduras (véase p. 179).

Se puede acompañar con salsa de salvado de trigo (véase p. 139).

Le aconsejamos que acompañe esta preparación con un huevo al plato, cocido con unas gotas de agua

Cereales

Soja verde al natural

5 a 6 personas
Remojo 12 h.
Preparación: 10 min.
Cocción: 35 min.

170 Kcal
70 Kj

Prot.: 12 g
Líp.: 6 g
Glúc.: 17 g

200 g de soja verde
1 hoja de laurel
1 clavo de olor
1 cebolla
1 zanahoria
Sal

Se pone a remojo la soja en agua fría la víspera de la preparación.

Al día siguiente, se pone en una cacerola, se cubre con agua, se agrega el laurel, el clavo, la zanahoria y la cebolla. Se cuece tapada durante 35 minutos. Se sala a mitad de la cocción. Se escurre y se coloca en una fuente de servir.

Aporte de proteínas exclusivamente vegetales. Se combina en la misma comida con otros cereales para completar el aporte de aminoácidos.

Cereales

Polenta fantasía

8 personas
Preparación: 20 min.
Cocción: 15 min.
Reposo 2 h.

166 Kcal
693 Kj

Prot.: 11 g
Líp.: 4 g
Glúc.: 21,5 g

1 l de leche desnatada
150 g de sémola fina de maíz
Sal, pimienta
Nuez moscada
1 cucharada de concentrado de tomate
150 g de espinacas cocidas y muy picadas
100 g de gruyer rallado (opcional)

Se pone a hervir la leche condimentada. Se vierte la sémola en forma de lluvia. Se remueve sin cesar a fuego muy lento hasta que espesa.

Al terminar la cocción, se divide la polenta en tres partes: se incorpora el puré de espinacas a una de ellas, el concentrado de tomate a otra y se deja la tercera al natural. Se moldean por separado en tres fuentecillas cuadradas untadas de aceite. Se cubre cada una con una hoja de papel de aluminio y se dejan 2 horas al fresco.

Se sacan del molde y se cortan según las formas elegidas. Se depositan en una placa de horno, y, si se desea, se espolvorean con gruyer. Se calienta en el horno a 240 °C durante unos minutos.

Se espesa la sémola a fuego lento.

Se pone en un molde untado de aceite. Se deja enfriar.

Fuera del molde, se cortan las formas elegidas.

Polenta con champiñones

- 4 personas
- Preparación: 20 min.
- Cocción: 25 min.
- 192 Kcal
- 802 Kj
- Prot.: 9,5 g
- Líp.: 4,5 g
- Glúc.: 28,5 g

1/2 l de leche desnatada
100 g de sémola de maíz integral
250 g de champiñones
20 g de margarina
Zumo de 1/2 limón
Sal, pimienta
Cilantro molido
Nuez moscada
Levadura dietética

Se pone a hervir la leche, condimentada con sal, pimienta y nuez moscada. Se vierte la sémola en forma de lluvia, se cuece removiendo sin cesar hasta que espese. Se retira del fuego.

Se limpian los champiñones y se cortan en láminas. Se rehogan con la margarina. Se condimentan con sal, pimienta y cilantro. Se agrega el zumo de limón. Se tapa la cacerola y se deja cocer 5 minutos más. Se retira del fuego.

Se unta de aceite una fuente de horno. Se distribuyen en ella los champiñones y la polenta, alternando las capas. Se meten al horno a una temperatura de 240 °C durante 15 minutos. Se espolvorea con levadura dietética justo antes de servir.

Receta que aporta fibras, minerales (zinc) y vitamina B

Cereales

Sémola con perlas de hortalizas

6 personas	351 Kcal	Prot.: 12,5 g
Preparación: 45 min.	1.467 Kj	Líp.: 1 g
Cocción: 35 min.		Glúc.: 73 g

500 g de sémola integral para cuscús
Sal, pimienta
2 zanahorias grandes
2 calabacines
1 apio nabo
Hojas de menta.

Se lavan el apio, las zanahorias y los calabacines. Se pelan las zanahorias y el apio.

Se cortan bolitas de hortalizas con una cucharilla para hacer perlas de patatas. Se cuecen por separado en abundante agua salada: los calabacines 5 minutos, y las zanahorias y el apio, 10 minutos. Se refrescan al terminar la cocción.

Se condimenta la sémola. Se agregan 4 dl de agua hirviendo. Se deja aumentar de volumen, y a continuación se desgrana y se cuece al vapor 20 minutos. Se agregan todas las hortalizas. Se continúa la cocción durante 5 minutos más para calentarlas.

Se coloca en una fuente honda, se agregan unas hojas de menta y se sirve.

Los restos de las hortalizas sirven, por ejemplo, para confeccionar purés o una sopa de hortalizas.

Receta pobre en lípidos, pero que constituye un buen aporte de prótidos para una cena ligera

Ñoquis a la romana empanados

4 a 6 personas	348 Kcal	Prot.: 11 g
Preparación: 15 min.	1.454 Kj	Líp.: 20 g
Cocción: 10 min.		Glúc.: 31 g
Reposo: 1h.		

1/2 l de leche desnatada
75 g de sémola integral
Sal, pimienta
Nuez moscada
2 cucharadas de aceite
1 paquete de pan rallado
2 huevos
80 g de margarina

Se pone a hervir la leche condimentada. Se vierte la sémola en forma de lluvia y se cuece removiendo unos minutos hasta que espesa. Se retira del fuego. Se vierte la preparación en un molde untado de aceite. Se deja enfriar en la nevera durante una hora.

Se desmoldan los ñoquis. Se cortan en trozos iguales. Se pasan por huevo batido y luego por pan rallado. Se doran en una sartén con margarina.

Se pone en una fuente y se sirve de inmediato.

Receta rica en lípidos

Tortitas de requesón

Para 20 piezas	Por pieza	Prot.: 1,4 g
Preparación: 20 min.	293 Kcal	Líp.: 1,7 g
Cocción: 8 min.	30 Kj	Glúc.: 2,2 g

100 g de requesón con 0% de materia grasa
2 huevos
50 g de harina integral
1 pizca de levadura de panadero deshidratada
Sal, pimienta
1 cucharada de cebolleta
30 g de margarina

Se baten los huevos en una ensaladera. Se agrega el requesón, la cebolleta picada, el condimento, la harina y la levadura mezclados.

Se derrite una nuez de margarina en una sartén caliente y se colocan montoncitos de la preparación anterior. Se aplastan ligeramente. A mitad de la cocción, se da la vuelta a las tortitas. Se retiran cuando estén cocidas, se depositan en un trapo o en un papel absorbente para que escurran y luego se colocan, unas encima de otras, en una fuente. Se sirven de inmediato.

Tortitas con picadillo de puerros

8 personas	254 Kcal	Prot.: 7,3 g
Preparación: 20 min.	1.061 Kj	Líp.: 13 g
Cocción: 5 a 8 min.		Glúc.: 27 g

250 g de harina integral
3 huevos
1,5 dl de leche desnatada
Sal, pimienta
Nuez moscada
300 g de puerros picados y rehogados
100 g de margarina

Con una batidora se mezclan la harina, el condimento, los huevos y la leche. Se agrega el picadillo de puerros.

Se cogen montoncitos de pasta y se ponen en una sartén con la margarina caliente. Se aplastan y, a mitad de la cocción, se les da la vuelta. Se inicia de nuevo la operación hasta que se acabe la pasta.

Se depositan las tortitas sobre un trapo o sobre un papel absorbente.

Se disponen en forma de corona sobre una fuente de servir o sobre los platos, como acompañamiento de una carne.

Tortitas de cereales

8 personas
Preparación: 20 min.
Cocción: 15 min. + 8 min. por pieza

271 Kcal
1.132 Kj

Prot.: 10 g
Líp.: 13,7 g
Glúc.: 27 g

100 g de copos de avena
100 g de trigo sarraceno
100 g de cebada perlada
100 g de gruyer rallado
2 cucharadas de cebolleta
Sal, pimienta
Nuez moscada
2 huevos
2 cucharadas de aceite
1 cebolla grande
50 g de margarina
1 dl de leche desnatada

Se reparten el aceite y la cebolla picada en dos cacerolas y Se ponen al fuego. En una de ellas se echa el trigo sarraceno y en la otra la cebada. Se remueve. Se agrega dos veces el volumen de agua. Se tapa y se cuece 15 minutos. Luego se deja enfriar.

Se mezclan la leche, los copos de avena, los cereales cocidos, el condimento, la cebolleta picada, el gruyer rallado y los huevos. Se hacen tortitas. Se doran en una sartén caliente con la margarina. Se escurren en un papel absorbente.

Se sirve bien caliente con una ensalada verde o como guarnición de una carne.

Receta rica en fibras, en magnesio, en zinc y en vitaminas B y D

Cereales

Knödel

4 personas	506 Kcal	Prot.: 17 g
Preparación: 15 min.	2.115 Kj	Líp.: 7,8 g
Cocción: 15 min.		Glúc.: 92 g

500 g de miga de pan duro
2 huevos
25 cl de leche desnatada
30 g de margarina
1 cebolla
1 ramito de perejil
100 g de harina
1 l de caldo de carne
Sal, pimienta
Nuez moscada

Se baten los huevos enteros. Se agrega la leche. Se desmigaja el pan y se añade. Se deja que se hinche.

Se rehoga la cebolla picada en la margarina caliente. Se agrega al pan, se bate bien y se añade la harina, el perejil muy picado y los condimentos.

Se forman bolitas y se sumergen en el caldo hirviendo. Se dejan hervir a fuego lento un cuarto de hora. Se escurren y se sirven como acompañamiento.

Aporte proteico complementario de una cena, seguido de una fruta cruda.

Panes al vapor

Para 20 piezas	Por pieza	Prot.: 1,3 g
Preparación: 15 min.	46 Kcal	Líp.: 0,1 g
Reposo: 2 h.	192 Kj	Glúc.: 10 g
Cocción: 10 min.		

250 g de harina
2,5 dl de agua
1 pizca de sal
1 pizca de azúcar
10 g de levadura de panadero

Se mezcla en el agua la levadura, la sal y el azúcar. Se agrega esta mezcla a la harina y se trabaja esta preparación para obtener una masa suave. Se deja leudar en un lugar tibio durante dos horas.

Se amasa para que vuelva a adquirir su volumen inicial. Se enharina generosamente la mesa de trabajo. Se corta la masa en 20 pequeñas bolitas iguales. Se colocan en el colador de una olla a vapor o en una cacerola para cuscús. Se tapa y se cuece 10 minutos.

Se sacan en cuanto estén cocidos y se sirven de inmediato.

Cereales

Pastel de crêpes

8 personas
Preparación: 1 hora.
Cocción: 40 min.

264 Kcal
1.103 Kj

Prot.: 14,5 g
Líp.: 6,7 g
Glúc.: 36,5 g

300 g de harina integral
3,5 dl de leche desnatada
3 huevos
Sal, pimienta
Nuez moscada
20 g de mantequilla ligera
1/3 l de besamel (p. 55)
450 g de champiñones cocidos
3 huevos

Se mezclan la harina, la leche, los huevos y el condimento. Se pasa por el chino. Se preparan las crêpes de la manera habitual, en una sartén antiadherente.

Se mezclan los champiñones con la besamel y los huevos. Se unta de mantequilla un molde redondo, de 22 cm de diámetro. Se pone una crêpe en el fondo y se agrega un poco de la preparación de los champiñones. Se coloca nuevamente una crêpe y, así, sucesivamente, hasta que se terminen los ingredientes. Se baña con el resto de la besamel. Si se desea, se espolvorea con gruyer rallado. Se mete al horno durante 40 minutos a 180 °C.

Se saca del molde y se vuelca sobre una fuente de servir, para que la parte gratinada quede hacia arriba. Se sirve.

LOS QUESOS

Los quesos merecen un lugar privilegiado en nuestra alimentación. Su valor nutritivo es muy grande: ricos en calcio, en prótidos de buena calidad y en materias grasas, resultan muy nutritivos para lo pequeño de su volumen. Sin duda alguna, constituyen un alimento completo.

En países de gran tradición quesera, como Francia, se estima que hay más de 356 quesos diferentes; es decir, se puede consumir un queso distinto cada día del año.

En España, la variedad de quesos también es muy grande; prácticamente todas las regiones fabrican su especialidad. Antiguamente, cada región consumía sólo su producción local. Hoy en día casi todos los establecimientos especializados ofrecen permanentemente los productos de todas las regiones de España.

La clasificación de los quesos es totalmente arbitraria. Sería sencillo clasificarlos a partir de la leche utilizada para su fabricación (vaca, oveja, cabra). Sin embargo, la clasificación establecida es la siguiente:

— **quesos frescos**: requesón, suizo, semisalado...

— **quesos de pasta blanda**: queso de Burgos, de Burriana, de Mahón, de camambert, brie, de Munster...

— **quesos de pasta dura o compacta**: de cabrales, manchego, de Roncal, emmenthal, gruyer, parmesano...

De todos modos, cualquiera que sea la clasificación adoptada, todos los quesos son fermentados, contrariamente a una creencia muy extendida entre el público.

Los especialistas prefieren clasificar los quesos en:

— **quesos de fabricación industrial**, irreprochables en el plano higiénico, pero insípidos y sin originalidad, reservados para las personas que no aman el sabor del queso.

— **quesos de granja**, que se fabrican con métodos artesanales típicos de cada región.

"Para hacer feliz a más de uno, sirva más de un queso."

"No hay buen almuerzo sin queso."

La verdad de estos mensajes publicitarios está fuera de toda duda. No obstante, no conviene otorgar un lugar cualquiera a la degustación del queso dentro de una comida.

Si bien 30 g de queso se pueden consumir al final de la comida sin que por ello se desequilibre la ración alimenticia, no ocurre lo mismo con una ración más abundante. En ese caso, sustituye a otras proteínas animales.

Postres

El postre, el último plato de la comida, permite completar las posibles carencias del menú. Las natillas con claras a punto de nieve, por ejemplo, aportan las proteínas necesarias si se ha hecho una comida ligera.

El postre también puede ser un elemento importante de la cena. Es el caso del arroz con leche, si está precedido de una sopa de verduras o de una ensalada.

Los postres que a continuación proponemos son variados, tanto por los ingredientes que los componen como por sus aportes dietéticos.

Postres

Sopa de fresones a la menta

4 personas	68 Kcal	Prot.: 2 g
Preparación: 15 min.	284 Kj	Líp.: 0 g
Reposo: 1 h.		Glúc.: 15 g

800 g de fresones
Unas gotas de licor de menta
1 ramita de menta

Mezclamos 500 g de fresones con el licor de menta. Mantenemos al fresco una hora.

Repartimos los fresones restantes en los platos vertemos por encima el jugo de los fresones. Decoramos con hojas de menta. Servimos inmediatamente.

Postre ligero rico en vitamina C

Postres

Sopa helada de melón al vino de Sauternes

4 personas
Preparación: 25 min.

178 Kcal
744 Kj

Prot.: 3 g
Líp.: 1,2 g
Glúc.: 25 g

Con una cuchara para cortar bolas de helado, hacemos 40 bolitas de melón. El resto lo mezclamos con el vino. Lo mantenemos fresco.

En un plato hondo, vertemos la sopa fresca obtenida del melón y el vino, una bola de sorbete de queso, las bolitas de melón y las hojas de menta.

1 melón
Hojas de menta
Sorbete de queso (p. 228)
1 dl de vino de Sauternes
(vino blanco suave de Burdeos)

Postres

Fresones a la naranja

4 personas	126 Kcal	Prot.: 2,3 g
Preparación: 15 min.	526 Kj	Líp.: 1 g
Reposo: 2 h.		Glúc.: 27 g

800 g de fresones
1/2 l de zumo de naranja
1 cucharada de pistachos picados
1 dl de Cointreau (opcional)

Lavamos los fresones. Si son muy grandes los troceamos.

Mezclamos el Cointreau y el zumo de naranja fresco. Lo vertemos sobre los fresones, dispuestos en ensaladeras. Lo metemos 2 horas en el frigorifico.

Espolvoreamos sobre ellos los pistachos picados antes de servir.

Postre rico en vitamina C

El gran plato de frutas

4 personas	190 Kcal	Prot.: 4 g
Preparación: 40 min.	794 Kj	Líp.: 0,6 g
Cocción: 15 min.		Glúc.: 42 g

2 naranjas
1 pomelo
2 kiwis
2 peras
2 melocotones
1 racimo de uvas
12 alquequenjes
1 melón
1 plátano
450 g de fresones
Hojas de menta

Jarabe:

1/2 l de agua
60 g de fructosa
El zumo de 1/2 limón
Clavo
1 hoja de laurel
1 saquito de té
1 ramita de canela

Llevamos el agua, junto con el limón, el laurel, el clavo, el té y la canela a ebullición. Reducimos el fuego. Añadimos los melocotones y las peras, pelados y sin pepitas, y lo dejamos cocer 15 minutos. Una vez cocidos, partimos las frutas en cuartos.

Pelamos las naranjas y el pomelo. Los partimos en pedazos grandes. Hacemos bolas de la pulpa del melón con un aparato para hacer bolas de helado. Añadimos las uvas. Pelamos y cortamos el plátano en rodajitas. También partimos los kiwis en rodajas. Apartamos 12 fresones para los platos.

Decoramos los platos armoniosamente. Colocamos los fresones restantes. Servimos el jarabe junto a los platos.

Postre muy rico en vitamina C

Tarta de queso con frambuesas

4 a 6 personas	363 Kcal	Prot.: 16 g
Preparación: 40 min.	1.517 Kj	Líp.: 6,6 g
Reposo: 2 h.		Glúc.: 60 g

2/3 de bizcocho de almendras (p. 59)
500 g de queso blanco con 0% de materia grasa
4 hojas de gelatina
80 g de fructosa
250 g de frambuesas
Hojas de menta

Metemos las hojas de gelatina en agua fría.

Dividimos el bizcocho en tres círculos. Ponemos uno de ellos en un plato de unos 20 cm de diámetro. Colocamos sobre este círculo la mitad de las frambuesas limpias.

Se mezcla el requesón, la fructosa, la gelatina escurrida y derretida al baño María. Se vierte la mitad de la preparación sobre la primera capa de bizcocho. Se coloca la segunda capa. Se agrega el resto de las frambuesas (reservando algunas para la decoración) y el resto del requesón. Se alisa la superficie. Se deja 2 horas al fresco.

Se saca el fondo del molde, se decora con frambuesas y hojas de menta. Se sirve bien frío.

Postre con muchas calorías

Pastel de sémola

6 personas	385 Kcal	Prot.: 11,7 g
Remojo: 1 noche	1.609 Kj	Líp.: 0,7 g
Preparación: 15 min.		Glúc.: 83 g
Cocción: 15 a 25 min.		
Reposo: 2 h.		

1 l de leche desnatada
200 g de sémola integral
100 g de fructosa
5 cl de ron
100 g de pasas
500 g de albaricoques en almíbar
Barra de vainilla partida en dos
Algunos albaricoques para decorar

La víspera, metemos las uvas a macerar dentro del ron.

Llevamos la leche a ebullición con la fructosa y la vainilla. La retiramos del fuego y la dejamos reposar 15 minutos. Retiramos la vainilla. Volvemos a poner al fuego, dejando caer la sémola en forma de lluvia sobre la leche hirviendo. Dejamos cocer a fuego medio hasta que espese.

Fuera del fuego, añadimos las uvas con el ron y 200 g de albaricoques partidos en dos. Mezclamos. Vertemos todo en un molde y lo metemos al frigorífico.

Se sirve fuera del molde, sobre un plato decorado con los albaricoques partidos. Mezclamos el resto de los albaricoques, apartando algo de jarabe para verterlo alrededor del pastel.

Emplee los albaricoques preparados por usted (véase p. 77).

Postres

Soufflé de chocolate con soja

6 personas	194 Kcal	Prot.: 8 g
Preparación: 30 min.	810 Kj	Líp.: 10 g
Cocción: 25 a 30 min.		Glúc.: 18 g

1/4 l de leche de soja
50 g de margarina
50 g de harina
3 yemas de huevo
5 claras de huevo
1 cucharada de cacao sin azúcar
60 g de fructosa

Llevamos la leche a ebullición con la fructosa y el cacao, que se habrá pasado por un tamiz. Vertemos la mezcla sobre el preparado de la margarina y la harina. Se espesa poniéndolo a fuego lento y removiendo al mismo tiempo.

Fuera del fuego, añadimos las yemas. Se deja enfriar tras agregar las claras a punto de nieve.

Repartimos la mezcla en recipientes individuales previamente untados de mantequilla y azúcar con fructosa. Se mete al horno a 180 °C al baño María.

Cuando estén bien huecos y esponjosos, se sirven.

Terrinas de chocolate

3 personas	275 Kcal	Prot.: 10 g
Preparación: 25 min.	1.149 Kj	Líp.: 15 g
Cocción: 2 min.		Glúc.: 25 g
Reposo: 2 h.		

125 g de chocolate puro con fructosa
4 claras de huevo
5 dl de leche desnatada
2 hojas de gelatina
La cáscara de 1/2 naranja
1,5 dl de zumo de naranja
1 cucharadita de café de fécula
1 naranja para adornar

Fundimos el chocolate con la leche al baño María. Blanqueamos la cáscara de naranja en agua hirviendo.

Montamos las claras a punto de nieve. Las mezclamos con el chocolate. Añadimos también la cáscara.

Dejamos las hojas de gelatina en el agua fría para que se deshagan. Las fundimos al baño María y las añadimos al chocolate. Vertemos la preparación en tres recipientes y la mantenemos en el frigorifico 2 horas.

Deshacemos la fécula con un poco de zumo de naranja. El resto del zumo se hierve. Vertemos sobre éste la fécula removiendo y detenemos la cocción.

Antes de servir, desmoldamos el preparado sobre los platos y lo rodeamos de salsa de naranja. Al final, se decora con rodajas de naranja acanalada.

Crema gratinada con frutas

4 personas	264 Kcal	Prot.: 7,8 g
Preparación: 25 min.	1.103 Kj	Líp.: 5 g
Cocción: 10 min.		Glúc.: 47 g

Crema pastelera (p. 57)
Ron
500 g de frutas surtidas (plátanos, fresones, frambuesas...)
2 cucharadas de azúcar morena

En una fuente de horno, se dispone una rodaja de bizcocho de 1 cm de espesor, que cubra totalmente la superficie. Se rocía con un poco de ron.

Se distribuye por encima la crema pastelera y luego las frutas. Se espolvorea con azúcar morena y se mete al horno para que se dore.

Se sirve de inmediato.

Crema de té de bergamota

6 personas	134 Kcal	Prot.: 4,5 g
Preparación: 5 min.	560 Kj	Líp.: 3,6 g
Cocción: 8 min.		Glúc.: 21 g
Reposo: 1 h.		

1/2 l de leche desnatada
100 g de fructosa
4 yemas de huevo
1 cucharada de té de bergamota

Se hace una infusión con el té en la leche hirviendo. Se tapa, y se deja reposar 5 minutos. Se cuela y se pone de nuevo al fuego.

Se deshacen las yemas en un cucharón de leche, se agrega la fructosa y se vierte la preparación en el té hirviendo. Se reduce el fuego y se cuece como una crema inglesa.

Se pasa a una ensaladera. Se deja enfriar, removiendo de vez e cuando. Se mete en la nevera y se sirve bien fría.

Islas flotantes con pétalos de rosa

| 4 personas
Preparación: 40 min.
Cocción: 20 min.
Reposo: 1 h. | 300 Kcal
154 Kj | Prot.: 12,5 g
Líp.: 8,2 g
Glúc.: 44 g |

1 l de leche desnatada
6 yemas de huevo
120 g de fructosa
4 rosas perfumadas
2 cucharadas de agua de rosas o de alcohol de rosas
Zumo de 1 limón

Se deshojan las rosas, se lavan los pétalos y se eliminan las partes blancas. Se agregan los pétalos a la leche y se pone a hervir. Se depositan los pétalos en un trapo absorbente.

Se mezclan las yemas con 80 g de fructosa y el alcohol o el agua de rosas. Se hace desleír con un poco de leche y se vierte la preparación en la leche hirviendo. Se deja cociendo la crema hasta que espesa. Se retira del fuego y se deja enfriar, removiendo de vez en cuando. Se reserva al fresco en la fuente de servir.

Se montan las claras a punto de nieve. Se agrega el resto de la fructosa y los pétalos de rosa. Se pone a hervir en 2 litros de agua, junto con el zumo de limón. Se deja enfriar.

Se cogen bolas de clara a punto de nieve y se depositan sobre la crema. Se sirven las islas frescas.

En el momento de elaborar el menú, téngase en cuenta que se trata de un postre nutritivo.

LOS PRODUCTOS DULCES LIGEROS

Los productos dulces más corrientes cuya versión ligera se puede encontrar sin grandes dificultades en establecimientos de artículos dietéticos son los siguientes:
—las mermeladas
— el chocolate
— los caramelos
— las gomas de mascar
— y, por supuesto, los edulcorantes sintéticos o sustitutos del azúcar

CARACTERÍSTICAS DE ESTOS PRODUCTOS

PRODUCTOS	COMPOSICIÓN
Mermeladas	Pura fructosa, sin edulcorante sintético, 60% de frutas, 50% menos de calorías que las mermeladas tradicionales, es decir, 140 Kcal/100 g en lugar de 280 Kcal
Chocolates	• De pura fructosa (28%) Proteínas: 14 g Lípidos: 36 g Glúcidos: 33,9 g, de los cuales, 27,5 g son de fructosa. Es decir, 516 Kcal/100 g, valor idéntico al del chocolate clásico • Enriquecido con sales minerales y especialmente con hierro, endulzado con azúcar morena. Aporte calórico de 554 Kcal/100 g • Con lactitol (50 g/100 g) Glúcidos: 8,3 g, 454 Kcal por cada 100 g Chocolate no cariogénico
Caramelos	Con sorbitol, sin edulcorante sintético Proteínas y lípidos: 0 395 Kcal/100 g, valor idéntico al de los caramelos clásicos, pero estos productos son no cariogénicos
Gomas de mascar	• Con polyols y aspartamo, llamados ligeros 151 Kcal/100 g, ó 3,8 Kcal por tableta Proteínas y lípidos: 0 • Con sorbitol, xylitol, manitol 280 Kcal/100 g., glúcidos: 66,5 g., proteínas y lípidos: 0
Edulcorantes	Los más comunes son a base de aspartamo, solo o combinado con acetosulfamo. Se pueden adquirir en diferentes formas: en polvo, en comprimidos, líquidos Se encuentran tanto en farmacias como en supermercados, en la sección del azúcar Atención: el uso de estos productos es limitado, no toleran bien las altas temperaturas
Galletas	• Enriquecidas con fibras: aproximadamente 410 Kcal/100 g • Hiposódicas (bajo contenido en sodio) 410 Kcal/100 g • Con germen de trigo, por tanto, enriquecidas con vitaminas liposolubles: 460 Kcal/100 g • Enriquecidas con sales minerales, hierro y magnesio. Todas estas galletas tienen contenidos y valores nutritivos equivalentes a los de las galletas clásicas

Postres

Flan de pistachos con plátano

6 personas	247 Kcal	Prot.: 11,5 g
Preparación: 20 min.	1.032 Kj	Líp.: 9 g
Cocción: 1 h.		Glúc.: 30 g
Reposo: 3 a 4 h.		

1/2 l de leche desnatada
5 huevos
80 g de fructosa
50 g de pasta de pistachos
2 plátanos

Se colocan rodajas de plátano pelado en el fondo de un molde. Se pone a hervir la leche con la fructosa. Se vierte sobre los huevos batidos. Se incorpora la pasta de pistachos. Se vierte la crema en el molde, se mete en el horno, al baño María, durante una hora, a 150 °C. Se deja enfriar.

Se desmolda sobre un plato. Se espolvorea la superficie con pistachos picados y se rodea la base con una crema de frutas.

Flan de coco

6 personas	177 Kcal	Prot.: 8,2 g
Preparación: 10 min.	740 Kj	Líp.: 6,5 g
Cocción: 50 min..		Glúc.: 21,6 g
Reposo: 2 h.		

1/2 l de leche desnatada
50 g de coco rallado
4 huevos
1 baya de vainilla
100 g de fructosa

Se pone a hervir la leche con la fructosa y la vainilla. Se baten bien los huevos. Se agrega la leche hirviendo y el coco rallado. Se retira la vaina de vainilla y se mezcla. Se vierte en un molde de horno redondo, se pone al baño María y se mete al horno a 180 °C durante 45 minutos. Se verifica la cocción con un palillo.

Al finalizar la cocción, se deja enfriar en la nevera durante lo menos 2 horas.

Si se desea, se puede acompañar con una crema de frambuesa.

Flanes de soja

6 personas	116 Kcal	Prot.: 6,7 g
Preparación: 15 min.	484 Kj	Líp.: 4,4 g
Cocción: 20 min.		Glúc.: 12,4 g
Reposo: 2 h.		

1/2 l de leche de soja
60 g de fructosa
3 huevos
1 vaina de vainilla partida longitudinalmente en dos

Se pone a hervir la leche de soja con la fructosa y la vainilla. Se vierte sobre los huevos batidos, removiendo siempre. Se distribuye la preparación en moldecillos. Se cuece al baño María 20 minutos a 180 °C. Se deja al fresco durante 2 horas.

Esta preparación se puede aromatizar como se quiera. En todos los casos, sugerimos sacar del molde los flanes una vez fríos y rodearlos de una crema.

Flanes de pera con crema de frambuesa

6 personas	278 Kcal	Prot.: 11 g
Preparación: 30 min.	1.162 Kj	Líp.: 4,7 g
Cocción: 25 a 30 min.		Glúc.: 48 g
Reposo: 2 h.		

5 huevos y 40 g de harina
50 g de fructosa
50 g de leche desnatada en polvo
2,5 cl de alcohol de pera
500 g de peras cocidas y licuadas y 6 mitades cocidas
Hojas de menta
300 g de frambuesas

Se pasan por la batidora los huevos enteros, la fructosa, la harina, la leche y el alcohol. Se agrega la pulpa de pera. Se mezcla y se reparte en moldecitos individuales. Se pone al baño María y se mete al horno de 25 a 30 minutos a 180 °C. Se deja enfriar 2 horas.

Se licuan las frambuesas con 1/2 vaso de agua. Se cuela el zumo. Se reserva.

Se ponen los flanes sobre platos. Se rodean de crema de frambuesa. Se decora la superficie de los flanes con 1/2 pera escalfada y unas hojas de menta.

Postres

Rollitos de crema de frambuesa

4 personas
Preparación: 35 min.
Reposo: 1 h.

188 Kcal
785 Kj

Prot.: 1,8 g
Líp.: 4 g
Glúc.: 20 g

125 g de frambuesas
3 hojas de gelatina
1,5 dl de nata montada

Ensalada de frutas:
100 g de frambuesas
1 melón
1 naranja
Zumo de 2 naranjas
1 kiwi
Unas uvas

Se pone a remojo en agua fría la gelatina.
Se prepara la ensalada de frutas, mezclando las frambuesas, el melón y el kiwi cortados en cubitos, los gajos de naranja sin piel y las uvas. Se agrega el zumo de naranja. Se reserva al fresco. Se licuan las frambuesas. Se derrite la gelatina al baño María. Se agrega a la pulpa de frambuesa y se incorpora la nata montada. Se mete en la nevera durante una hora para que tome consistencia.
Se sirve la ensalada de frutas en los platos. Encima, se ponen unos rollitos, modelados con la ayuda de dos cucharas soperas.

Según las preferencias, se puede agregar kirsch o un alcohol de frambuesas. Sugerimos probar esta misma receta con fresas.
Es conveniente utilizar nata ligera (que suele venir lista para usar).

Postre rico en vitamina C

Crema de chocolate con almendras

8 personas
Preparación: 15 min.

406 Kcal
1.697 Kj

Prot.: 9,7 g
Líp.: 32 g
Glúc.: 20 g

300 g de chocolate ligero
8 cucharadas de café fuerte
50 g de mantequilla
100 g de fructosa
2 cl de brandy
150 g de almendras
4 dl de nata montada

Se derrite el chocolate con el café al baño María.
Se amasa la mantequilla ablandada con el brandy y la fructosa. Se agregan las almendras tostadas y picadas y el chocolate derretido. Se deja enfriar, y luego, cuando la mezcla esté completamente fría, se agrega la nata.
Se coloca en una fuente honda o en copas individuales. Se espolvorea la superficie con chocolate rallado.

Postre muy calórico, rico en magnesio y en hierro

Postres

Crêpes huecas con frambuesas

4 personas	268 Kcal	Prot.: 14 g
Preparación: 30 min.	1.120 Kj	Líp.: 4,7 g
Cocción: 5 a 7 min.		Glúc.: 42,5 g

8 crêpes (masa de crêpes, p. 58)
3/4 l de crema pastelera (p. 57)
3 claras de huevo
250 g de frambuesas
Azúcar glas
Hojas de menta

Se prepara la crema de frambuesa licuando 150 g de frambuesas. Se pasa por el colador y se reserva al fresco.

Se bate la crema pastelera con batidor de alambre. Se agregan las frambuesas restantes y luego las claras montadas a punto de nieve.

Se colocan cuatro crêpes sobre una plancha de horno. Se reparte la crema y se cubre con las otras crêpes. Se meten al horno 5 minutos a 240 °C.

Se vierte la crema de frambuesa en los platos. Se coloca una crêpe en cada uno. Se espolvorea con azúcar glas y se decora con una hoja de menta. Se sirve de inmediato.

Budín de arroz con fresones

6 personas	402 Kcal	Prot.: 17,7 g
Preparación: 20 min.	1.680 Kj	Líp.: 4,8 g
Cocción: 1 h.		Glúc.: 72 g

200 g de arroz integral
1,5 l de leche desnatada
100 g de fructosa
4 huevos
100 g de pasas y de frutas confitadas
5 cl de Grand Marnier
350 g de fresas
1 baya de vainilla
Hojas de menta
1 cucharada de pistachos picados

Se maceran las pasas y las frutas confitadas en el Grand Marnier. Se cuece el arroz 20 minutos en un litro de leche con 50 g de fructosa y la vainilla partida en dos, longitudinalmente. Al finalizar la cocción, la leche habrá sido completamente absorbida por el arroz.

Se baten bien los huevos y se añade el resto de la leche y la fructosa. Se agrega la mezcla al arroz, junto con las frutas confitadas y las pasas escurridas. Se saca la baya de vainilla. Se vierte en un molde de bizcocho. Se pone al baño María, en el horno, a 180 °C, de 35 a 40 minutos. Se deja enfriar.

Se dispone sobre una fuente redonda y se rellena el hueco central con 200 g de fresones. Se licua el resto y se vierte alrededor del budín. Se sirve espolvoreado con pistachos picados y adornado con hojitas de menta.

Postre rico en fibras y sales minerales, y con muchas calorías

Postres

Pastelillos rellenos de natillas al cava

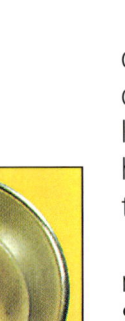

8 personas
Preparación: 1 h.
Cocción: 40 min.

328 Kcal
1.371 Kj

Prot.: 8,7 g
Líp.: 18 g
Glúc.: 33 g

1/4 l de agua
75 g de mantequilla
150 g de harina
1 pizca de sal
4 huevos
1/4 l de cava
8 yemas de huevo
150 g de fructosa
4 hojas de gelatina
2 dl de nata montada

Se pone a hervir el agua con la mantequilla y la sal. En el momento del hervor, se echa la harina de golpe, se remueve y se deja secar esta masa sobre el fuego. Se pasa a una fuente honda. Se agregan uno a uno los huevos, siempre removiendo. Se coloca la masa en una manga de decorar, con boquilla lisa. Se forman los pastelillos en una placa untada de mantequilla, espaciándolos suficientemente. Se mente en el horno, al principio a 210º C, y luego se baja la temperatura a 150º C. Se deja enfriar sobre una rejilla.

Se pone la gelatina a remojo en agua fría.

En una fuente honda, se baten las yemas, la fructosa y el cava. Se bate esta mezcla al baño María sobre el fuego, sin cesar, hasta que se obtenga una crema espesa. Se escurren las hojas de gelatina y se agregan a la crema. Se sigue batiendo hasta que se enfríe completamente. Se agrega la nata montada. Se reserva al fresco.

Se abren los pastelillos, se rellenan con la crema obtenida mediante una maga de decorar provista de boquilla. Se cierran. Se espolvorea la superficie con azúcar glas.

Se pueden adquirir pastelillos listos para rellenar.
Utilice una nata montada ligera ya preparada.
Se puede sustituir el cava por la misma cantidad de leche de soja.

Se hace espesar las yemas, la fructosa y el cava al baño María, batiendo con batidor de alambre.

Se agrega la gelatina y luego, delicadamente, la nata montada.

Postres

Pastel de chocolate ligero

6 a 8 personas
Preparación: 40 min.
Reposo: 2 h.

202 Kcal
844 Kj

Prot.: 10 g
Líp.: 9,2 g
Glúc.: 20 g

2/3 de bizcocho de chocolate (p. 59)
1 tableta de chocolate ligero (75 g)
5 g de cacao amargo
1/2 l de crema inglesa
4 hojas de gelatina

Postre rico en magnesio, hierro y potasio

Se derrite media tableta de chocolate al baño María.
Se ponen a remojo en agua fría las hojas de gelatina, para que se ablanden. Se incorporan a la crema inglesa caliente. Se agrega el chocolate derretido al baño María y el cacao. Se mezcla y se cuela. Se cortan dos discos de bizcocho y se coloca uno de ellos en el fondo de un molde desmontable. Se vierte encima la mitad de la crema ya fría y a medio cuajar. Se apoya el segundo disco de bizcocho y se completa con la crema restante. Se deja al fresco durante 2 horas.

Se preparan virutas de chocolate, pasando un cuchillo afilado sobre la tableta bien fría. Se saca el fondo del molde. Se decora con virutas de chocolate.

Este pastel se puede acompañar de crema inglesa a la que se habrá incorporado un poco de alcohol de menta. Si se desea, se decora el pastel con nata montada sin azúcar.

Tarta de manzanas con piñones

8 personas	217 Kcal	Prot.: 5,3 g
Preparación: 20 min.	907 Kj	Líp.: 13,3 g
Cocción: 35 min.		Glúc.: 19 g

200 g de masa quebrada (p. 56)
6 manzanas golden
2 cucharadas soperas de fructosa
3 cl de calvados
1/2 cucharadita de canela

2 huevos
1 dl de leche desnatada
2 cucharadas soperas de pasas
30 g de mantequilla
50 g de piñones

Se pelan las manzanas, se cortan en láminas finas y se saltea mantequilla en una sartén antiadherente 5 minutos. Se agrega la fructosa, la canela, las pasas y la mitad de los piñones. Se flamea con el calvados.

Se estira la masa y se forra con ella un molde de tarta. Se cuece sin relleno 10 minutos en horno a 180 °C. Se agrega la preparación de manzanas, y luego los huevos bien batidos, con la leche. Se mete de nuevo al horno.

A los 3/4 de la cocción, se espolvorea la superficie de la torta con los piñones restantes. Se termina la cocción.

Tarta de requesón y albaricoques

8 personas
Preparación: 30 min.
Cocción: 40 min.

272 Kcal
1.137 Kj

Prot.: 8 g
Líp.: 12 g
Glúc.: 33 g

280 g de requesón con 20% de materia grasa
400 g de albaricoques
400 g de masa quebrada (véase p. 56)
45 g de fructosa
25 g de harina
1 yema
3 claras
Corteza de un limón

Se estira la masa y se forra con ella un molde de tarta. Se pincha con un tenedor y se reparten los albaricoques, pelados y sin hueso.

Se mezclan el requesón, la fructosa, la harina, la yema y la corteza. Se incorporan delicadamente las claras batidas a punto de nieve y se vierten sobre los albaricoques. Se cuece en horno caliente, a 210 °C.

Se retira al finalizar la cocción, se desmolda y se deja enfriar sobre una rejilla.

Esta receta tiene un contenido apreciable en vitamina A

Postres

Helado de bergamota

6 personas
Preparación: 10 + 30 min.
Cocción: 7 min.

140 Kcal
585 Kj

Prot.: 5,4 g
Líp.: 5,4 g
Glúc.: 17,5 g

1/2 l de leche desnatada
6 yemas de huevo
100 g de bergamota

Se ponen a hervir las bergamotas mezcladas con la leche. Se hace una crema inglesa. Se deja enfriar. Se pasa por el chino. Se mete en una heladera.

Helado de cava rosado

6 personas
Preparación: 15 + 30 min.
Cocción: 1 min.

124 Kcal
518 Kj

Prot.: 0 g
Líp.: 0 g
Glúc.: 31 g

Zumo de 1 pomelo
1 botella de cava rosado
100 g de glucosa
60 g de fructosa

Se ponen a hervir 2 dl de agua con la fructosa, el zumo de pomelo y la glucosa. Se retira del fuego y se deja enfriar. Se agrega el cava y se pasa a la heladera.

Helado Grand Marnier

6 personas
Preparación: 10 + 30 min.
Cocción: 7 min.

121 Kcal
505 Kj

Prot.: 5,4 g
Líp.: 5,5 g
Glúc.: 12,5 g

2 cucharaditas de azúcar vainillado
2,5 cl de Grand Marnier
1/2 l de leche desnatada
6 yemas de huevo
40 g de fructosa

Se pone a hervir la leche con la fructosa y el azúcar vainillado.

Se hace una crema inglesa. Se deja enfriar removiendo de vez en cuando.

Se agrega el Grand Marnier y se mete al frigorífico.

Helado al vino blanco

6 personas
Preparación: 20 + 30 min.
Cocción: 2 min. de hervor

171 Kcal
714 Kj

Prot.: 6 g
Líp.: 7 g
Glúc.: 21 g

8 yemas de huevo
100 g de fructosa
5 cl de coñac
10 cl de vino blanco
1/2 l de leche desnatada

Se mezclan las yemas con la fructosa, el vino blanco y el coñac. Se vierte esta mezcla en la leche hirviendo. Se cuece, removiendo como para una crema inglesa.

Se deja enfriar y se mete al frigorífico.

Postres

Sorbete de queso

500 g de requesón con 20% de materia grasa
250 g de fructosa
1/4 l de agua
Zumo de 1/2 limón

10 personas
Preparación: 10 + 30 min.
Cocción: 1 min.

142 Kcal
539 Kj

Prot.: 4 g
Líp.: 2 g
Glúc.: 27 g

Se pone a hervir el agua con el zumo de limón y la fructosa.

Se detiene la cocción y se deja enfriar. Se añade el requesón, se mezcla y se mete al frigorífico.

Se puede acompañar de frutas rojas (fresas, frambuesas...), pero sin azúcar.

Sorbete de grosellas

400 g de grosellas
150 g de fructosa
El zumo de 1 limón
1 dl de agua

6 personas
Preparación: 5 + 30 min.
Cocción: 3 min.

122 Kcal
510 Kj

Prot.: 0,6 g
Líp.: 0 g
Glúc.: 30 g

Se ponen las grosellas, sin desgranarlas, en una cacerola con la fructosa, el agua y el zumo de limón. Se cuece 3 minutos a partir de la ebullición. Se pasa por el pasapurés. Se deja enfriar y se mete al frigorífico.

Rico en vitamina C

Sorbete de melón

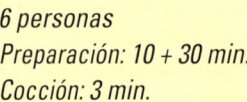

6 personas
Preparación: 10 + 30 min.
Cocción: 3 min.

60 Kcal
250 Kj

Prot.: 0,1 g
Líp.: 0 g
Glúc.: 15 g

400 g de pulpa de melón
El zumo de 1 limón
150 g de fructosa
1 dl de agua

Se licua la pulpa del melón. Se agrega el agua, el zumo de limón y la fructosa. Se pone a hervir y se deja cociendo 3 minutos desde el primer hervor.

Se deja enfriar por completo y se mete al frigorífico.

Se sirven las bolas de sorbete en los vasos. Se pueden bañar con un poco de oporto o decorarlas con unas bolitas de melón, moldeadas con la cucharilla.

Un melón grande será suficiente para proporcionar las bolitas y la pulpa.

Postres

Sorbete de melocotones

6 personas	129 Kcal	Prot.: 0,3 g	400 g de melocotones
Preparación: 15 + 30 min.	539 Kj	Líp.: 0 g	150 g de fructosa
		Glúc.: 32 g	

Se escaldan los melocotones frescos, se pelan y se les quita el hueso; se pesan 400 g de pulpa y se licua junto con la fructosa. Se mete al frigorífico.

Sorbete vitamina

1/2 l de zumo de frutas frescas
200 g de fructosa
2 dl de agua

6 personas	173 Kcal	Prot.: 0 g
Preparación: 10 + 30 min.	724 Kj	Líp.: 0 g
Cocción: 1 min.		Glúc.: 43 g

Se eligen frutas u hortalizas frescas de estación (pomelos, naranjas, zanahorias, por ejemplo). Se pasan por la licuadora.

Se pone a hervir el agua con la fructosa. Se deja enfriar. Se agrega el zumo de frutas y se mete al frigorífico. Se conserva en congelador.

Postres

Naranjas a la crema

4 personas	424 Kcal	Prot.: 11,2 g
Preparación: 45 min.	1.772 Kj	Líp.: 20 g
Cocción: 5 min.		Glúc.: 50 g

4 naranjas
Zumo de 1/2 limón
2 huevos
120 g de fructosa
20 g de fécula
50 g de polvo de almendras
2 cucharadas de Grand Marnier
50 g de almendras tostadas partidas en láminas
1 dl de nata líquida

Se corta la parte superior de las naranjas. Se quita toda la pulpa. Se reservan las naranjas vacías en el congelador. Se exprime la pulpa y se pasa por el pasapurés.

Se baten vigorosamente las yemas de huevo y la fructosa, hasta que tomen color blanco. Se agrega la nata y el polvo de almendras. Se añade la fécula desleída con el zumo de naranja y de limón. Se espesa a fuego lento, removiendo constantemente. Se deja enfriar.

Se bate la nata hasta que adquiera consistencia y se incorpora a la preparación anterior. Se agrega el Grand Marnier. Se mezcla delicadamente.

Se rellenan las naranjas. Se espolvorea con almendras. Se mete en la nevera hasta el momento de servirlo.

Bizcocho helado

8 personas.	301 Kcal	Prot.: 9 g
Preparación: 20 min.	1.258 Kj	Líp.: 10,7 g
		Glúc.: 40 g

1/2 bizcocho de almendras (véase p. 59)
5 dl de helado de bergamota (véase p. 226)
3 dl de sorbete de requesón (véase p. 228)
1/2 l de nata montada
Decoración a elegir

Se divide el medio bizcocho en dos. Se coloca una de las partes en una fuente redonda, se cubre con helado de bergamota y luego con sorbete de requesón. Se pone encima la otra parte de bizcocho. Se recubre completamente con nata montada, con la ayuda de una espátula. Se adorna con rosetas de nata que se dibujan con la ayuda de una manga de decorar con boquilla. Se decora a gusto del cocinero.

Postre muy calórico. Por tanto, es aconsejable que el plato principal sea ligero, a base de verduras

PASTAS VARIADAS

Dulzuras de anís

 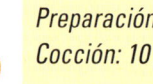

Para 50 piezas aprox.
Preparación: 20 min.
Cocción: 10 min.

Por pieza
28 Kcal
117 Kj

Prot.: 1 g
Líp.: 0,6 g
Glúc.: 4,5 g

5 huevos
125 g de fructosa
125 g de harina
1 pizca de canela en polvo
1 pizca de anís
Azúcar glas (opcional)

Se montan las claras a punto de nieve. Se agrega la fructosa en dos etapas, batiendo bien. Se añaden las yemas.

Se mezclan la harina, la canela y el anís. Se incorpora la mezcla poco a poco a la preparación anterior.

Sobre un papel vegetal, se dibujan con una manga de boquilla lisa unos bastoncillos de 8 cm de largo. Si se desea, se espolvorea con azúcar glas y se sacude lo que sobre. Se mete en el horno, a 180 °C.

Se deja enfriar sobre una rejilla. Se conserva en una lata herméticamente cerrada.

Duquesas con chocolate ligero

Para 25 piezas aprox.
Preparación: 15 min.
Cocción: 8 a 10 min.

Por pieza
80 Kcal
334 Kj

Prot.: 3 g
Líp.: 5,2 g
Glúc.: 5,4 g

5 claras de huevo
70 g de fructosa
125 g de polvo de almendras
40 g de harina
150 g de chocolate ligero
3 cl de leche desnatada
Azúcar glas (opcional)
Mantequilla derretida para la plancha de horno

Se tamizan juntos la harina y el polvo de almendras. Se agregan 35 g de fructosa.

Se montan las claras a punto de nieve. Se añade el resto de la fructosa poco a poco. Se agrega la preparación anterior, con delicadeza.

Sobre una plancha de horno untada de mantequilla, se dibujan unos bastoncillos con una manga de boquilla. Se mete al horno a 180 °C.

Se dejan enfriar y, cuando estén fríos, se unen de dos en dos con un poco de chocolate derretido en la leche. Si se desea, se espolvorea con azúcar glas.

Pastelillos de coco

Para 25 piezas aprox.
Preparación: 25 min.
Cocción: 10 a 12 min.

Por pieza
55 Kcal
230 Kj

Prot.: 0,7 g
Líp.: 3 g
Glúc.: 6,5 g

60 g de coco rallado
125 g de harina
1 pizca de levadura en polvo
60 g de mantequilla
60 g de fructosa
1 yema de huevo
1 cucharada de leche desnatada
1 pizca de sal

Se mezclan la harina, la levadura, la sal y la mantequilla ablandada. Se amasa todo. Se agrega la fructosa, el coco y la yema de huevo desleída en un poco de leche. Se amasa de nuevo.

Se estira la masa. Se cortan unos cuadrados pequeños y se colocan en una plancha untada de mantequilla. Se mete al horno unos 10 minutos a 190 °C.

Se enfrían sobre una rejilla. Se conservan secos en una lata herméticamente cerrada.

Macarrones

Para 20 piezas aprox.
Preparación: 20 min.
Cocción: 10 min.

Por pieza
71 Kcal
296 Kj

Prot.: 2,2 g
Líp.: 4,5 g
Glúc.: 5,6 g

150 g de nueces picadas
75 g de fructosa
4 claras de huevo
20 g de harina integral

Se montan las claras a punto de nieve. Se incorporan al resto de los ingredientes.

Se disponen unos montoncillos de la preparación sobre una plancha untada de aceite, o bien se rellenan moldecillos de cartón. Se mete al horno a 150 °C.

Se conserva en una lata.

Magdalenas

Para 18 piezas aprox.	Por pieza
Preparación: 15 min.	116 Kcal
Reposo: 15 min.	484 Kj
Cocción: 15 min.	

Prot.: 3 g
Líp.: 4 g
Glúc.: 17 g

3 huevos
175 g de fructosa
300 g de harina integral
1 pizca de levadura en polvo
2,5 dl de agua
5 cl de aceite de oliva
Zumo de 1 limón

Se baten con el batidor de alambre los huevos, el azúcar, el agua, el aceite y el zumo de limón. Se agregan la harina y la levadura. Se mezcla bien. Se deja reposar 15 minutos.

Se coloca la masa en un molde para magdalenas ligeramente untado de aceite. Se mete al horno a 200 °C.

Se deja enfriar sobre una rejilla. Se guarda en una lata herméticamente cerrada.

Para aromatizarlas, se puede agregar unas gotas de agua de azahar, de rosa, o también una corteza de limón o de naranja.

Pastas de almendras y amapolas

Para 120 piezas aprox.	Por pieza
Preparación: 20 min.	30 Kcal
Reposo: 12 min.	125 Kj
Cocción: 8 a 10 min.	

Prot.: 0,8 g
Líp.: 0,7 g
Glúc.: 5U g

6 huevos
250 g de fructosa
450 g de harina
3 cucharadas de almendras picadas
2 cucharadas de semillas de amapola
Aceite para untar las planchas del horno

Se baten los huevos y la fructosa durante 1/4 de hora en la batidora eléctrica. La mezcla debe quedar espumosa. Se agregan las almendras picadas, la harina y la amapola. Se mezcla delicadamente con una espátula.

Se coloca por montoncillos sobre planchas ligeramente untadas de aceite. Se dejan reposar las pastas durante toda la noche.

Al día siguiente, se meten al horno a 210 °C. Se dejan enfriar sobre una rejilla. Se conservan en una lata herméticamente cerrada.

Pastas de sésamo

Para 30 piezas aprox.	Por pieza	Prot.: 0,8 g
Preparación: 10 min.	30 Kcal	Líp.: 0,8 g
Cocción: 20 a 25 min.	125 Kj	Glúc.: 5 g

200 g de semillas de sésamo
50 g de harina integral
1 huevo
2 cucharadas de aceite de girasol
75 g de miel
1 pizca de levadura en polvo

Mezclamos todos los ingredientes. Vertemos la preparación sobre la plancha ligeramente aceitada y la extendemos. Lo metemos al horno medio (unos 160 °C), durante 20 minutos. Fuera del fuego, se le da la forma elegida (círculos, cuadrados, rombos...).

Se ponen sobre la plancha y los mantenemos al fuego 10 minutos más. Se dejan enfriar dentro del horno ya apagado.

Rico en vitaminas y minerales

Tejuelas de almendras sin harina

Para 70 piezas aprox.	Por pieza	Prot.: 2,6 g
Preparación: 15 min.	81 Kcal	Líp.: 4,7 g
Cocción: 7 a 10 min.	338 Kj	Glúc.: 7,2 g

1/4 l de claras de huevo
400 g de fructosa
450 g de almendras peladas
150 g de polvo de almendras
Mantequilla
Harina

Batimos las claras a medias. Añadimos la fructosa, el polvo de almendras y las almendras peladas.

Untamos de mantequilla y harina el recipiente de la cocción.

Depositamos pedazos de masa suficientemente separados en el molde. Metemos éste al horno a 240 °C. Se retira una vez que las tejuelas aparezcan crujientes y ligeramente doradas.

Ponemos las tejas sobre un molde para darles una forma redonda. Se conservan perfectamente dentro de un bote herméticamente cerrado.

VOCABULARIO

Acariogénico: se dice de un producto endulzante que no favorece la formación de caries dental.

Aminoácido: constituyente básico de las proteínas. Existen ocho aminoácidos indispensables.

Ácido graso: constituyente básico de los lípidos.

Ácido graso esencial: ácido graso que el organismo no puede sintetizar por sí mismo, y que debe ser aportado con los alimentos.

Ácido graso insaturado: grasa contenida en el cerdo, las aves y los aceites de girasol, maíz, pepita de uva, colza, soja, oliva, maní.

Ácido graso saturado: grasa contenida en los productos animales (buey, cordero, embutidos, grasa de las carnes en general) y en las grasas animales (sebo, tocino, manteca de cerdo, grasa de ganso).

Cítricos: naranja, limón, pomelo, mandarina, clementina.

Brotes de alfalfa: pequeños brotes que se sirven frescos y crujientes. Tienen un gusto parecido al de la soja. Las hojas son finas y crujientes.

Anorexia: perturbación del comportamiento alimenticio, caracterizada por el rechazo a alimentarse o por una importante pérdida del apetito. Cuadro muy común entre los adolescentes.

Antianémico: sustancia capaz de estimular la formación de los glóbulos rojos normales.

Avitaminosis: carencia de una o varias vitaminas.

Azuki: pequeñas habichuelas rojas.

Bayas: grosella negra, grosella, plátano, uva, arándano.

Blanquear: sumergir las hortalizas, las frutas o la carne en agua fría. Ponerlas a hervir y escurrirlas. El blanqueado permite eliminar el exceso de sal, el sabor acre, empezar a cocer o dar más consistencia a los alimentos.

— batir con batidor de alambre el azúcar con los huevos hasta que la mezcla adquiera color blanco.

Enzima: sustancia de naturaleza proteica, capaz, por sus propiedades, de activar una determinada reacción química.

Espelta: es una especie de trigo rústico. Se puede adquirir en los establecimientos de productos de dietética.

Harina de soja: se obtiene a partir de las semillas de soja cocidas al vapor, secadas y enfriadas y luego molidas. Es particularmente rica en proteínas y oligoelementos.

Fibra: parte residual, no digerible, de las paredes celulares de los vegetales que entran dentro de nuestra alimentación.

Forrar: Recubrir con masa el fondo y las paredes de un molde para tarta.

Glúcidos: el conjunto de los azúcares, tanto los lentos como los rápidos.

Gomasio: condimento que se fabrica con semillas de sésamo tostadas y molidas, mezcladas con sal marina no refinada. Se emplea con cereales, masas y hortalizas, y en salsas y patés vegetales.

Iziki: es un alga de los mares cálidos. Se puede preparar como plato de "hortalizas" y es excelente salteada. Alga muy aromática, en pequeñas cantidades constituye una guarnición muy adecuada para los platos de cereales (arroz, mijo, etc.), los pescados y los crustáceos.

Puesta a remojo, esta alga aumenta de tamaño aproximadamente cinco veces su volumen, y se parece entonces a un espagueti de color negro. Se comercializa en hojas.

Menestra: finos bastoncillos de hortalizas.

Zumo o leche de soja: se obtiene moliendo las semillas de soja peladas y remojadas, a las que se ha añadido agua. Después, la mezcla se esteriliza y se filtra. Normalmente se comercializa en envases de cartón.

Kokkoh: es una harina precocida compuesta de cereales integrales, semillas de oleaginosas y algas marinas. Se adquiere en establecimientos de alimentación dietética.

Lípidos: nombre genérico dado a las materias grasas.

Metabolismo: conjunto de modificaciones químicas que tienen lugar en el organismo.

Metabolismo de base: consumos ligados a los movimientos cardíacos, a los movimientos respiratorios y circulatorios, al tono muscular y a la actividad celular de un organismo en reposo.

Mondar: quitar la piel a las almendras, las avellanas o las frutas después de haberlas sumergido unos instantes en agua caliente.

Mosto de pan: se obtiene por la fermentación del ácido láctico de los cereales panificables. Es una bebida natural, rica en minerales y oligoelementos.

Nutrientes: componentes energéticos de los alimentos. Son los lípidos, las proteínas, los glúcidos.

Oligoelementos: elementos minerales cuya presencia en cantidad ínfima es obligatoria en la alimentación.

Limpiar: quitar a las hortalizas, frutas, carne, todas las partes que no se deben consumir.

Pilpil o burgol: es un producto derivado del trigo integral. Conserva todas sus propiedades y se prepara muy rápidamente.

Polyoles: son azúcares hidrogenados. Se conocen con el término genérico de edulcorantes de masa, ya que producen, desde un punto de vista técnico, un efecto de masa comparable al de la sacarosa. Los principales son: sorbitol, manitol, xylitol, maltitol, lactitol.

Proteínas: sinónimo de prótidos. Elementos básicos, no acumulables, de todas las células vivas.

Sacarosa: es el azúcar de uso corriente extraído de la caña de azúcar o de la remolacha. Su poder endulzante, igual a 100, sirve de referencia.

Shoyu: véase tamari.

Tahine: pasta de sésamo.

Tamari: el tamari (soja) y el shoyu (soja y trigo candeal) son salsas preparadas a base de soja fermentada (1 a 2 días) y luego salada. De color oscuro y de sabor salado, estos condimentos son utilizados para sopas, salsa, vinagretas, platos de cereales y platos de hortalizas, cocidas o crudas. El shoyu es más suave que el tamari.

Termogénesis:	gasto de energía que hace el organismo para mantener el cuerpo a temperatura constante
Tofu:	requesón de soja obtenido a partir de granos de soja amarillos. Primero se remojan y luego se reducen a puré. A continuación se filtra la preparación para extraer el zumo, que, una vez cuajado, da el tofu.
Vitamina:	elemento que, en pequeñas cantidades, es indispensable para asegurar un funcionamiento óptimo del organismo.
Vitaminas liposolubles:	vitaminas que sólo son solubles en las grasas. Son las vitaminas A, D, E, K.

ÍNDICE

CONTENIDO	4
SIGNIFICADO DE LOS SÍMBOLOS	6
INTRODUCCIÓN	7

NOCIONES — 9

LOS NUTRIENTES Y LOS ELEMENTOS BÁSICOS — 10

El trío básico	10
Cuadro de composición de los principales alimentos	12
Las vitaminas	15
Los elementos complementarios	16
Los complementos alimenticios	17
Los grupos alimenticios	20

HIGIENE DE VIDA Y EQUILIBRIO ALIMENTICIO — 22

Dieta equilibrada en un día	22
Raciones alimenticias	23
Equivalencias: modo de empleo	28
Equivalencias vegetarianas	29
Material y modo de cocción	30

LOS NUEVOS PRODUCTOS — 32

Los edulcorantes	32
Rebajamiento de materias grasas	35
Otros productos ligeros	38
Las hortalizas de cuarto y quinto tipo	39

ATENCIÓN A LOS ERRORES EN LA ALIMENTACIÓN — 40

RECETAS — 47

PREPARACIONES BÁSICAS — 48

Caldo oscuro de ternera	49
Caldo aromático de pescado	49
Aderezo aromático	49
Falsa mahonesa	50
Salsa de anchoas	50
Salsa de requesón ligero	50
Salsa grelette	51
Salsa de pomelo	51
Salsa de perejil	51
Salsa de crema	52
Salsa mousse	52
Salsa Volga	52
Vinagreta cero	53
Salsa vinagreta	53
Vinagreta de tomate	53
Salsa de tomate	54
Picadillo de tomate	54
Crema de espinacas	54
Mantequilla amasada	54
Salsa besamel	55
Salsa de naranja	55
Salsa de pescado	55
Masa quebrada	56
Masa de tarta	56
Masa para crêpes	56
Crema pastelera	57
Blinis	58
Crêpes de trigo sarraceno	58
Bizcocho de almendras	59
Bizcocho de chocolate	59

FABRICACIÓN DEL PAN — 60

Hogazas de pan	62
Pan de nueces	62
Panes de campo	63
Pan de centeno	63
Pan de harina de castañas	64
Pan de maíz a la americana	64
Panes negros	65
Panecillos con leche	65

DESAYUNOS — 67

EL AGUA Y LAS AGUAS	68
Dulce de naranja	69
Capricho de leche	69
Un buen café con leche	70
Un buen chocolate	70
Té natural con frutas	71
Bircher-muesli	72
Ensalada de molleja de ternera	92
Ensalada de níscalos	92
Tsatsiki	93
Ensalada refinada	94

Escarcelas de crêpes con gambas	96
Raviolis con salsa de amapola	97
Ancas de rana con azafrán	98
Muselina de ancas de rana	99
Pastel de cebollas a la florentina	100
Pastel de zanahorias a la antigua	100
Pastel de soja	101
Sartenada de caracoles con níscalos	102
Quiche florentina con ancas de rana y caracoles	102
Tarta de caracoles flameada	103
Quiche de puerros	104
Tarta de cebada	104
Pizza primaveral	105

PESCADOS — **107**

Caldo marino con puerros y níscalos	108
Gambas con gabardina verde	109
Gambas al natural	109
Langosta al natural	110
Blanqueta de langosta	111
Ensalada de vieiras	112
Papillotes de vieiras con champiñones	112
Cangrejos a la naranja	113
Filetes de merluza en papillotes de masa fina	114
Besugo a la sal	114
Merluza vienesa	115
"Navarín" de rape	116
Pétalos de maíz con frutas	72
Golosina matinal	72
Copos de avena al chocolate	73
Yogur con salvado de trigo	73
Pastel de frutas	74

Pastel de sésamo	74
Trenza	75
Compota de frutos secos	76
Compota de peras	76
Cóctel de frutas	77
CONSERVACIÓN DE FRUTAS FRESCAS EN FRASCOS	77

ENTRANTES — **79**

Caldo rosado con soja	80
Crema de kokkoh con hortalizas	80
Sopa de hojas de rabanitos	82
Sopa rápida de tomates	82
Sopa de berros con mejillones	83
Crema de mejillones con azafrán	83
Fiambre de conejo con legumbres	84
Conserva de verduras	85
Ensalada de trigo germinado con arroz	86
Tabulé	86
FUNCIÓN ALIMENTICIA DE LOS CEREALES	87
Ensalada japonesa	88
Ensalada de cangrejos	89
Ensalada de filete de lubina	90
Ensalada de azukis y algas	90

Ensalada de mejillones	91
Papillotes de rape	117
Pescados	118
Crustáceos	118
Róbalo a las algas	120
Salmón y róbalo	120
Filetes de salmonete al vapor con tomatillos rellenos	121
Filetes de salmonete con salsa de berros	121
Filetes de farra con dos salsas	122
Filetes de perca a la excelencia	122
Filetes de sábalo al vino tinto	124
Filetes de gallo a la sidra	124
Filetes de pescadilla con escamas de calabacín	125
Quiche florentina de salmón	126
Quiche de salmón y erizo de mar	126
Tartas de salmón flameadas	127
INTERÉS DIETÉTICO DEL PESCADO	128

El gran plato de pescados	129
Raviolis de salmón	130
Salmón estofado al vino blanco	130
Filetes de lenguado con tomates	131
Truchas rellenas de hinojo	132
Truchas princesa	132
Rollos de trucha con salmón ahumado	134
Escalopes de rodaballo con lechugas rellenas	135

CARNES — 137

Pechuga de pato con manzanas	138
Pechuga de pato escalfada con crema de rábano silvestre	138
Estofado de conejo	139
Escalopes de conejo con salvado de trigo	139
Supremas de pollo con sésamo	140
Supremas de ave con almendras	140
Escalopes con zumo de hinojo	141
Pollo con leche	142
Pollo al vapor	142
Pollo con especias	143
Pollo con almendras	144
Pollo al heno	145
Pollo a la cazuela	146
Pollo a la caponata en cazuela de barro	146
LOS REGÍMENES	148
Guiso rápido de cerdo con arroz	150
Guiso de cerdo con brotes de soja	150
Costillas de cordero mariscal	151
Filetes de ternera a la pimienta con almendras y pasas	152
Filete de buey a los aromas del bosque	153
Filetes con proteínas de soja	154
Guiso de filete de buey con morillas	154
Guiso de buey	155
Guiso de molleja de ternera	156
Guiso de morcillo de ternera	156
Brochetas de ternera	157
Costillas de ternera en papillotes de masa fina	158
LAS MARGARINAS	158
Costillas de ternera con camisa	159
Escalopes de ternera a la naranja	160
Escalopes de ternera a la pimienta rosada	160
Escalopes de ternera "café de París"	161
Escalopes de ternera florentina	161
Escalopes marroquíes	162
Medallones de carne empanados en avellanas, con crema de zanahorias	163
Cuscús rápido	164
Paella al pipil	165

GUARNICIONES — 167

Perilla de berenjena	168
Rollitos de acelga	168
Azukis al natural	169
Escarcelas de champiñones	170
Subrics de champiñones	170
Pequeñas terrinas de champiñones	171
Tortitas de repollo	172
Abanicos de calabacín	172
Pepino al comino	173
Terrina de puerros	173
Tortitas de patatas	173
Patatas estofadas	174
Patatas nuevas con rabanitos	175
Puré con ajo	175
Tomates rellenos	176
Tomates esponjosos	176
Terrina de tomates	177
Torta de hortalizas	178
Gratinado de verduritas	178
Menestra de verduras	179
Perlas multicolores de hortalizas	179
Flan de calabacines	180
Flanes de maíz	180
Flanes de pimiento verde con crema de pimiento rojo	181
Flanes de soja	181
Guiso de hortalizas a la japonesa	182
Salteado de hortalizas a la china	182
LOS CEREALES	185
Guiso de trigo con puerro	186
Burgol con hortalizas	187
Tortitas de burgol	187

Spätzle integrales con azafrán	188
Timbal de espelta	188
Pilaf de harina de avena tostada	190
Cebada con algas iziki y tamari	190
Pastas a la provenzal	191
Risoto al tomate	191
Pilaf de trigo sarraceno	192
Soja verde al natural	193
Polenta fantasía	194
Polenta con champiñones	195
Sémola con perlas de hortalizas	196

Ñoquis a la romana empanados	196
Tortitas de requesón	198
Tortitas con picadillo de puerros	198
Tortitas de cereales	199
Knödel	200
Panes al vapor	200
Pastel de crêpes	201
LOS QUESOS	202

POSTRES **205**

Sopa de fresones a la menta	206
Sopa helada de melón al vino de Sauternes	207
Fresones a la naranja	208
El gran plato de frutas	208
Tarta de queso con frambuesas	210
Pastel de sémola	210
Soufflé de chocolate con soja	211
Terrinas de chocolate	211
Crema gratinada con frutas	212
Crema de té de bergamota	212
Islas flotantes con pétalos de rosa	213
LOS PRODUCTOS DULCES LIGEROS	214
Flan de pistachos con plátano	216
Flan de coco	216
Flanes de pera con crema de frambuesa	217
Flanes de soja	217
Rollitos de crema de frambuesa	218
Crema de chocolate con almendras	218
Crêpes huecas con frambuesas	220
Budín de arroz con fresones	221
Pastelillos rellenos de natillas al cava	222
Pastel de chocolate ligero	223
Tarta de manzanas con piñones	224
Tarta de requesón y albaricoques	225
Helado de bergamota	226
Helado de cava rosado	226
Helado Grand Marnier	227
Helado al vino blanco	227
Sorbete de queso	228
Sorbete de grosellas	228
Sorbete de melón	228
Sorbete de melocotones	229
Sorbete vitamina	229
Naranjas a la crema	230
Bizcocho helado	231

PASTAS VARIADAS **232**

Dulzuras de anís	232
Duquesas con chocolate ligero	232
Pastelillos de coco	233
Macarrones	233
Magdalenas	234
Pastas de almendras y amapolas	234
Pastas de sésamo	235
Tejuelas de almendras sin harina	235

ÍNDICE ALFABÉTICO

A

Abanicos de calabacín	172
Aderezo aromático	49
Ancas de rana con azafrán	98
Azukis al natural	169

B

Besugo a la sal	114
Bircher-muesli	72
Bizcocho de chocolate	59
Bizcocho helado	231
Bizcocho de almendras	59
Blanqueta de langosta	111
Blinis	58
Brochetas de ternera	157
Budín de arroz con fresones	221
Burgol con hortalizas	187

C

Caldo marino con puerros y níscalos	108
Caldo aromático de pescado	49
Caldo oscuro de ternera	49
Caldo rosado con soja	80
Cangrejos a la naranja	113
Capricho de leche	69
Cebada con algas iziki y tamari	190
CEREALES	185
Cóctel de frutas	77
Compota de peras	76
Compota de frutos secos	76
Conserva de verduras	85
Conservación de frutas frescas en frascos	77
Copos de avena al chocolate	73
Costillas de ternera en papillotes de masa fina	158
Costillas de ternera con camisa	159
Costillas de cordero mariscal	151
Crema de chocolate con almendras	218
Crema de espinacas	54
Crema de mejillones con azafrán	83
Crema de té de bergamota	212
Crema de kokkoh con hortalizas	80
Crema gratinada con frutas	212
Crema pastelera	57
Crêpes huecas con frambuesas	220
Crêpes de trigo sarraceno	58
CRUSTÁCEOS	118
Cuadro de composición de los principales alimentos	12
Cuscús rápido	164

D

Dieta equilibrada en un día	22

Dulce de naranja	69
Dulzuras de anís	232
Duquesas con chocolate ligero	232

E

El gran plato de pescados	129
El gran plato de frutas	208
El trío básico	10
EL AGUA Y LAS AGUAS	68
Ensalada de trigo germinado con arroz	86
Ensalada de vieiras	112
Ensalada de cangrejos	89
Ensalada refinada	94
Ensalada de níscalos	92
Ensalada de azukis y algas	90
Ensalada de filete de lubina	90
Ensalada de mejillones	91
Ensalada japonesa	88
Ensalada de molleja de ternera	92
Equivalencias vegetarianas	29
Equivalencias: modo de empleo	28
Escalopes marroquíes	162
Escalopes de ternera florentina	161
Escalopes de ternera a la pimienta rosada	160
Escalopes de ternera "café de París"	161
Escalopes con zumo de hinojo	141
Escalopes de rodaballo con lechugas rellenas	135
Escalopes de conejo con salvado de trigo	139
Escalopes de ternera a la naranja	160
Escarcelas de champiñones	170
Escarcelas de crêpes con gambas	96
Estofado de conejo	139

F

FABRICACIÓN DEL PAN	60
Falsa mahonesa	50
Fiambre de conejo con legumbres	84
Filete de buey a los aromas del bosque	153
Filetes de perca a la excelencia	122
Filetes de merluza en papillotes de masa fina	114
Filetes de farra con dos salsas	122
Filetes de ternera a la pimienta con almendras y pasas	152
Filetes con proteínas de soja	154
Filetes de gallo a la sidra	124
Filetes de salmonete al vapor con tomatillos rellenos	121
Filetes de salmonete con salsa de berros	121
Filetes de pescadilla con escamas de calabacín	125
Filetes de sábalo al vino tinto	124
Filetes de lenguado con tomates	131
Flan de calabacines	180
Flan de pistachos con plátano	216
Flan de coco	216
Flanes de soja	181
Flanes de soja	217

Flanes de maíz	180
Flanes de pera con crema de frambuesa	217
Flanes de pimiento verde con crema de pimiento rojo	181
Fresones a la naranja	208

G

Gambas con gabardina verde	109
Gambas al natural	109
Golosina matinal	72
Gratinado de verduritas	178
Guiso de buey	155
Guiso de cerdo con brotes de soja	150
Guiso de filete de buey con morillas	154
Guiso de hortalizas a la japonesa	182
Guiso de molleja de ternera	156
Guiso de morcillo de ternera	156
Guiso de trigo con puerro	186
Guiso rápido de cerdo con arroz	150

H

Helado de bergamota	226
Helado al vino blanco	227
Helado Grand Marnier	227
Helado de cava rosado	226
HIGIENE DE VIDA Y EQUILIBRIO ALIMENTICIO	22
Hogazas de pan	62

I

INTERÉS DIETÉTICO DEL PESCADO	128
Islas flotantes con pétalos de rosa	213

K

Knödel	200

L

Langosta al natural	110
Las hortalizas de cuarto y quinto tipo	39
Las vitaminas	15
Las margarinas	158
Los complementos alimenticios	17
Los grupos alimenticios	20
Los edulcorantes	32
Los elementos complementarios	16
LOS NUTRIENTES Y ELEMENTOS BÁSICOS	10

M

Macarrones	233
Magdalenas	234
Mantequilla batida	54
Masa quebrada	56
Masa de tarta	56
Masa para crêpes	56
Material y modo de cocción	30
Medallones de carne empanados en avellanas,	

con crema de zanahorias	163
Menestra de verduras	179
Merluza vienesa	115
Muselina de ancas de rana	99

N

Naranjas a la crema	230
"Navarín" de rape	116
NUEVOS PRODUCTOS	32

Ñ

Ñoquis a la romana empanados	196

P

Paella al pilpil	165
Pan de nueces	62
Pan de maíz a la americana	64
Pan de centeno	63
Pan de harina de castañas	64
Panecillos con leche	65
Panes negros	65
Panes de campo	63
Panes al vapor	200
Papillotes de vieiras con champiñones	112
Papillotes de rape	117
Pastas a la provenzal	191
Pastas de almendras y amapolas	234
Pastas de sésamo	235
Pastel de cebollas a la florentina	100
Pastel de frutas	74
Pastel de zanahorias a la antigua	100
Pastel de soja	101
Pastel de crêpes	201
Pastel de sésamo	74
Pastel de sémola	210
Pastel de chocolate ligero	223
Pastelillos de coco	233
Pastelillos rellenos de natillas al cava	222
Patatas estofadas	174
Patatas nuevas con rabanitos	175
Pechuga de pato escalfada con crema de rábano silvestre	138
Pechuga de pato con manzanas	138
Pepino al comino	173
Pequeñas terrinas de champiñones	171
Perilla de berenjena	168
Perlas multicolores de hortalizas	179
PESCADOS	118
Pétalos de maíz con frutas	72
Picadillo de tomate	54
Pilaf de harina de avena tostada	190
Pilaf de trigo sarraceno	192
Pizza primaveral	105
Polenta con champiñones	195
Polenta fantasía	194

Pollo con almendras	144
Pollo con especias	143
Pollo al heno	145
Pollo a la cazuela	146
Pollo a la caponata en cazuela de barro	146
Pollo al vapor	142
Pollo con leche	142
PRODUCTOS DULCES LIGEROS	214
Puré con ajo	175

Q

QUESOS	202
Quiche florentina de salmón	126
Quiche de puerros	104
Quiche de salmón y erizo de mar	126
Quiche florentina con ancas de rana y caracoles	102

R

Raciones alimenticias	23
Raviolis con salsa de amapola	97
Raviolis de salmón	130
REGÍMENES	148
Risoto al tomate	191
Róbalo a las algas	120
Rollitos de acelga	168
Rollitos de crema de frambuesa	218
Rollos de trucha con salmón ahumado	134

S

Salmón estofado al vino blanco	130
Salmón y róbalo marinos	120
Salsa Volga	52
Salsa de tomate	54
Salsa besamel	55
Salsa de pescado	55
Salsa mousse	52
Salsa de naranja	55
Salsa de pomelo	51
Salsa de requesón ligero	50
Salsa grelette	51
Salsa vinagreta	53
Salsa de perejil	51
Salsa de anchoas	50
Salsa de crema	52
Salteado de hortalizas a la china	182
Sartenada de caracoles con níscalos	102
Sémola con perlas de hortalizas	196
Soja verde al natural	193
Sopa de fresones a la menta	206
Sopa de berros con mejillones	83
Sopa helada de melón al vino de Sauternes	207
Sopa de hojas de rabanitos	82
Sopa rápida de tomate	82
Sorbete de queso	228

Sorbete vitamina	229
Sorbete de melocotones	229
Sorbete de grosellas	228
Sorbete de melón	228
Soufflé de chocolate con soja	211
Spätzle integrales con azafrán	188
Subrics de champiñones	170
Supremas de ave con almendras	140
Supremas de pollo con sésamo	140

T

Tabulé	86
Tarta de manzanas con piñones	224
Tarta de cebada	104
Tarta de caracoles flameada	103
Tarta de requesón y albaricoques	225
Tarta de queso con frambuesas	210
Tartas de salmón flameadas	127
Té natural con frutas	71
Tejuelas de almendras sin harina	235
Terrina de puerros	173
Terrina de tomates	177
Terrinas de chocolate	211
Timbal de espelta	188
Tomates esponjosos	176
Tomates rellenos	176
Torta de hortalizas	178
Tortitas de requesón	198
Tortitas de cereales	199
Tortitas de patatas	174
Tortitas con picadillo de puerros	198
Tortitas de burgol	187
Tortitas de repollo	172
Trenza	75
Truchas rellenas de hinojo	132
Truchas princesa	132
Tsatsiki	93

U

Un buen chocolate	70
Un buen café con leche	70

V

Vinagreta cero	53
Vinagreta de tomate	53

Y

Yogur con salvado de trigo	73

© Éditions S.A.E.P., Ingersheim
© SUSAETA EDICIONES, S.A.
Campezo s/n - 28022 Madrid (España)
Tel. 913 009 100 - Fax 913 009 118
Impreso en España